Vorwort

Warum hat Justitia eine Augenbinde?

Nun, das war nicht immer so. Erst im 16. Jahrhundert wurde der römischen Göttin für Gerechtigkeit und Rechtswesen diese Attribut zugefügt. Angeblich zur Verdeutlichung der Unparteilichkeit. So sollte vor Gericht jeder gleich bestraft werden, unabhängig von Ansehen und Sympathie.

Das sah das Volk, aufgrund der unfairen Urteile, allerdings schnell anders und die Augenbinde wurde zum Synonym von Blindheit, welche man der Justiz nachsagte. Bis zum heutigen Tag hat sich richtigerweise am Volksempfinden nichts geändert. Warum auch? Die Willkür der Justiz ist kein Geheimnis, sondern eine Tatsache. Wer das von den jusristischen Instanzen leugnet, handelt wider besseren Wissens. Fragen Sie mal einen Anwalt ob es besser ist ein Verfahren bei diesem oder jenem Gericht zu verhandeln, oder diesen oder jenen Richter zu bekommen. Sie werden sehen, der Anwalt weiss sehr wohl was nachteiliger oder vorteilhafter wäre.

Wie kann das sein?

Ja, wie nur? Einerseits ziert sich jedes Gericht mit den Leitsprüchen der Justitia und andererseits ist soviel Unrecht im staatlichen Recht. Das werden Urteile bei absolut vergleichbaren Straftaten von vergleichbaren Straftätern gesprochen die bei Landgericht A zu einer Verurteilung von 6 Jahren Haft führen und bei Landgericht B zu einer kleinen Bewährungsstrafe.

Eine Sache bleibt allerdings immer gleich

In der Regel werden Straftäter, die wegen Totschlag, Körperverletzung, Vergewaltigung, Kindesmissbrauch, ärztliche Kunstfehler, usw... weitaus weniger bestraft als Steuersünder, Betrüger, Schwarzarbeiter, usw... Also körperliche und starke seelische Verletzungen scheinen die Gerichte im Verhältnis zu finanziellen Straftaten, besonders wenn es dem Staat verloren geht, wesentlich unwichtiger zu sein. Ansonsten lassen sich unglaublich viele Urteile nicht erklären. Dabei, wenn unser Rechtssytem schon diesem Grundsatz folgt, müssten sich dann nicht alle Politiker selbst wegsperren, so wie Steuergelder in Milliardenhöhe verschwendet werden? Ach, was rede ich, alleine für die Einführung des Euros bzw. Umsetzung müssten schon Köpfe rollen. Aber das passiert ja nicht einmal wenn gute Journalisten offenlegen wie Spesenabrechnungen unserer überteuerten EU-Politiker unrechtmässig ausgenutzt werden.

Aber dazu kommen wir später. Wichtig ist erst mal zu wissen, dass ein Boris Becker oder ein Peter Graf eine härtere Strafe bekamen als viele mehrfach vorbestrafte Sexualtäter oder Schläger oder Vergewaltiger bei einer neuen Tat. Das viele Opfer der körperlichen Gewalt ihr Leben lang mit den Folgen zu tun haben ist natürlich längst nicht so schlimm wie ein Peter Graf, der seine Steuerschulden länsgt bezahlte hatte oder ein Brötchendieb der für 80 Cent geklaut hat. Obwohl, mir fällt gerade ein, Letzterer wäre bestimmt davon gekommen, wenn er der Verkäuferin mal tüchtig eins übergebraten hätte. Dumm von Ihm es nicht zu tun. Was hier ironisch klingt, ist bei genauerer Betrachtung leider sogar die Wahrheit.

Seltsamerweise auf der ganzen Welt

Dieses, mir unverständliche Rechtsempfinden, ist keine deutsche Problematik.

Nein in fast allen sogenannten "führenden" Ländern schlägt einem die gleiche juristische Unfairness ins Gesicht. Man denke nur an Madoff. Er hätte wohl auch besser ein Mädchen vergewaltigt wie Mike Tyson. Ich will jetzt gar nicht erst Massenmörder nennen, die Hundertausende töten, foltern und/oder erniedrigen indem sie gefälschte Kriegs-Begründungen liefern und das sogar gefahrlos zugeben dürfen.

Aber, lieber Leser, sie sind auch nicht objektiv

Bei der Recherche zu diesem Buch haben ich sehr viele Meinungen gefunden. Das ist ja heutzutage dank Internet gar nicht so schwer. Und wenn ich die Kommentare zu vielen Pressemeldungen sehe und auch die Diskussionen in Foren, dann weiss ich, dass viele meiner Meinung sind, was die geringen Urteile für gefährliche Straftäter betrifft. Aber andererseits die überzogenen Strafen für Madoff(150 Jahre), Peter Graf(3 Jahre 9 Monate), usw... ist man nicht meiner Meinung. Woran liegt das? Daran, dass ein Grossteil der Menschheit schlecht ist.

Es überwiegen negative Eigenschaften wie Missgunst, Neid, Habgier. Gute Tugenden wie Ehre, echtes Mitgefühl, echte Selbstkritik, usw... findet man sehr selten. So ist es dann auch nicht verwunderlich, wenn man den Spott und die Freude bei einem Madoff oder solchen Leuten spürt. Wohlgemerkt es sind ja Leute denen Madoff oder ein Peter Graf niemals geschadet haben, die sich dann freuen. Anders sieht es dann wieder aus wenn jemand sympathisch rüberkommt wie Boris Becker, da ist man sehr wohl meiner Meinung, eben dass dieses Urteil überzogen war. Ist so eine Denkweise fair?

Aus diesem Grunde, lieber Leser, versuchen Sie bitte, zumindest für die Dauer dieser Buchlektüre, ein wenig objektiv zu sein.

Berühmte Worte

Die folgenden Worte sind bestimmt nicht ohne Grund entstanden, schade jedoch, dass sie bis zum heutigen Tage keine Wirkung hinterliessen.

"Gleichheit mag vielleicht ein Recht sein,aber keine menschliche Macht kann sie verwirklichen."
Honore de Balzac

"In Deutschland kann man, statt einen Prozess zu führen, ebenso gut würfeln."
Bundesverfassungsrichter a.D. Prof. Willi Geiger

"Ein Richter ist auch nur ein Mensch. Und die Menschheit war im Grunde schon immer schlecht."
Gerardus Franssen

"Nicht nur die deutsche Justiz ist unbestechlich! Auf der ganzen Welt kann man mit der größten Geldsumme keinen Richter mehr dazu verführen, Recht zu sprechen."
Bertolt Brecht

"Gesetzeslücken lassen sich durch beständigen Gebrauch beträchtlich erweitern."
Mark Twain

"Er war ein guter Jurist und auch sonst von mäßigem Verstande."
Ludwig Thoma

"Die Gerechtigkeit wohnt in einer Etage, zu der die Justiz keinen Zutritt hat."
Zitat aus dem Roman "Justiz" von Friedrich Dürrenmatt

Erklärungen

Ein Autor wie ich steht bei so einem Thema immer am Abgrund. Es gibt genügend Kritiker die einen schnell in eine rechte, antisemitische, antimoslemische oder schlichtweg regierungsfeindliche Ecke drängen wollen. Bei uns ist es leider nicht so einfach den Mund aufzumachen wie 9/11 Spezialist Michael Moore. Alles wird einem erstmal negativ ausgelegt. So komme ich nicht umhin einige Dinge bereits im Vorfeld zu erläutern:

Fehlurteil

Diesen Begriff oder ähnlich klingende Worte, wie auch sonstige persönliche Aussagen werden nun des Öfteren auftauchen. Ich verweise darauf, dass diese Wortwahl lediglich meiner persönlichen Meinung entspricht. Und wenn noch ein wenig Meinungsfreiheit im Rechtssystem vorhanden ist, so sei mir dies gestattet.

Eigenes Urteil

Zu jedem folgenden Beispiel erlaube ich mir ein Urteil einzubringen, wie ich es zu dem Fall gesprochen hätte. Mir ist sehr wohl bewusst, dass es dafür keinerlei rechtliche Paragraphen oder Gesetze als Grundlage gibt. Der Sinn darin ist also folglich zu sehen, ob man nicht eben diese benötigten Grundlagen schaffen sollte.

Mein Urteil: Legion

Mit Legion meine ich eine miltärische Organisation nach Vorbild der französischen Fremdenlegion. Viele Täter sind vorbestrafte Täter. Psychologische Behandlungen schlagen in der Regel fehl und das ist auch kein Wunder, aber dazu später mehr in einem anderem Zusammenhang.

Erklärungen

Die französische Fremdenlegion entstand zum grössten Teil aus dem Abschaum unserer Gesellschaft. Mörder, Vergewaltiger, usw... aber auch aus normalen Menschen, die keine Perspektive mehr gesehen haben. Wenn man nun denkt, dieses könnte doch nur in einer Katastrophe enden, so wissen wir doch aus der Geschichte der Legion, dass genau das Gegenteil passierte.

Was sich wie ein Wunder präsentiert ist lediglich normaler Menschenverstand. Schade, dass diesem Vorbild bisher keine anderen Länder gefolgt sind. Stattdessen versucht man immer neue Therapieansätze zu finden, obgleich gute Erfahrungswerte vorliegen. Das erinnert mich immer an die extreme antiautoritäre Erziehung oder andere pädagogischen Experimente. Im Computerbereich gibt es ein Sprichwort: *Don't touch a running system.* Damit ist gemeint, wenn etwas hervorragend funktioniert, versuche es nicht zu ändern. Und wenn, dann nur behutsam und nicht mit der groben Kelle.

Wir wissen heutzutage wie sich antiautoritäre Erziehung auswirkt, wie wussten aber auch schon immer, dass ein charakterstarker Mensch über Eigenschaften wie Respekt, Schamgefühl und Reue verfügen soll. Wie soll dann so eine Form der Erziehung vereinbar sein? Gar nicht, dennoch macht man weiter in diese Richtung und produziert oft Charaktere wie den Sohn von Uschi Glas, nur um mal ein bekanntes Beispiel zu nennen. Aber ich schweife ab und deshalb wird das Thema in einem anderen Buch sein.

Die Legion hat aus vielen unverbesserlichen gefährlichen Straftätern einen soliden Charakter geformt. Diese Soldaten mussten eisenharte Disziplin über sich ergehen lassen und wurden zugegebenermassen auch seelisch gebrochen, aber auch wieder neu aufgebaut.

Erklärungen

Mit Werten, die selbst bei normalen Menschen Mangelware sind: Ehre, Respekt, Selbstdisziplin, Kameradschaft, Verantwortungsgefühl. Und das sogar nachhaltig. So steht noch heute jeder Veteran im zivilen Leben jederzeit für seine ehemaligen Kameraden ein und ebenso im privaten Umfeld gegen jede Art von Ungerechtigkeit, selbst zum eigenen Nachteil.

Warum dann eine Legion gründen, warum nicht gleich die normale staatliche Armee?
Weil das so etwas wäre wie mit Wattebäuschchen auf Wildschweinjagd zu gehen. Nicht, dass die staatliche Armee aus Weicheiern und Möchtegernsoldaten bestehen würde, wie uns die jüngsten Opfer in Afghanistan leidvoll vor Augen führen. Aber die Befugnisse zur ausreichenden Behandlung von Untergebenen sind schlichtweg nicht mit dem Gesetz vereinbar und das ist auch gut so, denn ein unbescholtener Soldat sollte nicht die gleiche militärische Erziehung geniessen müssen, wie sie eben ein Gewaltverbrecher benötigt. Hinzu kommt, dass eine Legion nach französischem Vorbild, ganz andere kriegstechnische Aufgaben hat, genauer gesagt es ist eine Söldnertruppe. Und genau diese Härte und der Gedanke an den möglichen täglichen Tod im Einsatz ist zwingend notwendig. Wer das abstreitet ignoriert den unglaublichen menschlichen Erfolg der französischen Fremdenlegion. **Wer heilt hat recht, und nicht die, welche es nicht vermögen.**

Mein Urteil: Freiwillige Kastration
Ich höre schon jetzt die kritischen Stimmen, welche von menschenverachtend, bestialisch oder bestenfalls unangebracht sprechen. Aber warten Sie bitte noch einen Moment mit Ihrer Kritik. Es steht ausser Frage, dass Tiere kastriert werden um Nachwuchs zu vermeiden, aber vor allem auch um negative Charaktereigenschaften loszuwerden. Eine Katze oder Hund, die nicht stubenrein sind. Ein ewig bellender und aggressiver Hund. Ein nicht reitbares Pferd. Die Beispiele sind grenzenlos.

Erklärungen

Auch der Mensch ist ein Tier

Natürlich sind wir Tiere, hormongesteuert und instinktbehaftet. Aber wir können ja denken und unser Verhalten somit ein wenig steuern? Ja, das mag für viele gelten, für andere aber nicht. Erst recht nicht, wenn wir uns mal bewust machen, wie schwierig es ist eine mögliche Sucht abzulegen. Viele schaffen es schon nicht vom Zigarettenkonsum weg zu kommen, trotz der mittlerweile dank Euroeinfuhr [1] horrenden Preise. Von Spiel-,Tabletten-, Alkohol-, Drogensucht mal ganz abgesehen. Wenn bei diesen schweren Süchten schon kaum eine Therapie anschlägt, wie kann dann der gesunde Menschenverstand nicht Alarm schlagen, wenn bei einer extrem hormonellen Sucht, wie Sexualtäter eine Therapie als Strafe helfen soll? Aber, na ja, gesunder Menschenverstand ist ja auch so eine Sache für sich....

Es ist ein unumstössliche Tatsache, dass ein Kastration diesen Tätern auf Dauer den Drang nehmen kann. Und ich kann es nicht mehr hören wenn nun einer meint, ja aber der Fall Bachmeier, der war ja auch kastriert. **NEIN, das war er nicht wirklich.**

Weil Kastration eine, laut Justiz, schwerwiegende Einschränkung im Leben des kastrierten Straftäters darstellt (was sollen die Opfer sagen?), gibt es eine Hintertür, die auch jeder ambitionierte Bodybuilder kennt. Die Hormone, die der Köper nicht ausreichend herstellt, werden einfach künstlich eingenommen. Und schon ist die Kastration neutralisiert und alle negativen Charakterschwächen des Kastrierten treten wieder auf. So war es auch im Bachmeier-Fall, der bereits vorbestrafte Täter Klaus Grabowski, hatte sich zwar freiwillig kastrieren lassen, nahm aber ebensolche Hormone um sein Defizit zu umgehen, was zum Mord an der siebenjährigen Anna Bachmeier führte.

[1] Man hätte eine Erhöhung von 4DM auf 10DM bestimmt nicht so leicht akzeptiert, wenn das nicht bei Euro weniger teuer geklungen hätte.

Erklärungen

Warum dann überhaupt noch Kastration?

Man könnte das als zweite Chance ansehen. Denn wir dürfen nicht vergessen, dass es sich in der Regel um Wiederholungstäter handelt, bei denen Psychologen oft eine erneute Wiederholungsgefahr als nahezu ausgeschlossen attestierten. Also anscheinend in Zukunft harmlos. Die Realität sieht, wie wir jedoch wissen, anders aus.

Wenn nun, ein bereits kastrierter Sexualtäter, wieder rückfällig wird, dann wird das in 99% aller Fälle an künstlichen Hormonen liegen, und er hätte somit seine zweite Chance verspielt und er ist nicht mehr als krank einstufbar, sondern berechnend. Hinzu kommt, dass ich in meinen Urteilen bei solchen Fällen meistens auch eine zusätzliche Verweildauer in der Legion sehe, wo es schwierig werden dürfte an diese Medikamente zu kommen.

Warum dann freiwillige Kastration?

In den meisten solcher Prozesse werden Minimalurteile auch deshalb ausgesprochen, weil der Täter angeblich seine Tat bereut. Ironischerweise zieht das Argument unverständlicherweise auch bei Wiederholungstätern. Und seltsam ist auch, dass in der Regel solche Täter, die ja angeblich die Abscheulichkeit Ihrer Tat begreifen, dann selbst bei milden Urteilen noch Berufung einlegen um noch weniger zu bekommen. Tut mir leid, das kann ich nicht nachvollziehen, sollte ich jemals aus geistiger Umnachtung heraus so ein Verbrechen begehen, würde ich mich eher selbst bestrafen so schlimm es nur irgendwie geht. Und das ist nun der Punkt, wenn also ein solcher Täter eine freiwillige Kastration nicht eingehen will um zukünftige Straftaten in dieser Richtung zu vermeiden, dann kann er sich auch alles andere Geschwätz in Richtung Reue sparen.

Peter Graf verurteilt

Vorwurf: **Steuerhinterziehung**

Urteil: **Haftstrafe,3 Jahre 9 Monate**

 Wegen Hinterziehung von knapp 12,3 Millionen Mark verurteilte das Landgericht Peter Graf, zu drei Jahren und neun Monaten Haft. Grafs Gehilfe in Steuersachen, Joachim Eckardt, wird mit zweieinhalb Jahren Haft bestraft. **Die Staatsanwaltschaft hatte sogar 5 Jahre 6 Monate für Graf gefordert.** Doch das Gericht befindet, die Finanzbehörden hätten es dem Vater des Tennis-Stars Steffi Graf ziemlich leicht gemacht, die vielen Millionen beiseite zu schaffen, und ihn viel zu lange unbehelligt tricksen lassen.

Mein Urteil: **Geldstrafe in gleicher Höhe der Steuerschuld**

Begründung zu meinem Urteils-Vorschlag:
Wegen Dummheit seinen steuerlichen Mittelpunkt nicht im vorteilhaften Ausland gefestigt zu haben, wie es andere hochgelobte Grossverdiener tun, eine Strafe in gleicher Höhe der Steuerschuld welches Normalkindern zu Gute kommt um deren Tennisentwicklung zu fördern. Denn normale Kinder können sich keinen Tennisunterricht leisten.

Ausserdem: Keine Vorstrafe bei diesem Delikt und kein Mensch wurde körperlich geschädigt. Die entgangenen Steuern waren bereits gezahlt.

Bemerkung:
Auch gegen Steffi Graf wurde hierbei ermittelt, das Verfahren allerdings mangels Beweisen eingestellt, was ich persönlich auch für sinnvoll halte. Allerdings musste sie eine hohe Geldstrafe zahlen. Was soll das? Nicht schuldig aber trotzdem zahlen. Es gibt leider viele solcher Urteile, die meiner Meinung nach schon eine Art Erpressung darstellen.

Tod durch Faustschlag

Vorwurf: **Köperverletzung mit Todesfolge**

Urteil: **Bewährung 2 Jahre**

 Er prügelte am Vatertag auf dem Finkenwerder Marktplatz auf den ehemaligen Seemann Gustav W. nach einem Streit so stark ein, dass das Opfer zwei Wochen später starb. Dennoch haben die Richter entschieden: Nick N. muss nicht hinter Gitter, seine Lehre zum Fachlageristen darf er fortsetzen.

Mein Urteil: **2 Jahre Legion oder 4 Jahre Haft**

Begründung zu meinem Urteils-Vorschlag:
Wer den ersten Schlag macht, riskiert das Leben oder zumindest köperliche Schäden eines anderen. Hätte der Getötete angefangen würde ich das als Notwehr sehen aber in diesem Fall, erst recht da er auch noch dem am Boden liegenden 59 jährigen Mann treten wollte, wäre ein Haftstrafe unabdingbar. Da der Tod jedoch nicht gewollt war und er nicht zum Nachtreten kam, weil Ihn andere abhielten, wären 4 Jahre Haft angemessen. Oder die Legion für 2 Jahre.

Bemerkung:
Natürlich wollte der Täter mit Sicherheit nicht töten. Aber wenn man das nahezu straflos behandelt, dürfte man auch demnächst Ziegelsteine von Balkone oder Autobahnbrücken werfen. Weil, man wollte ja keine Person gefährlich treffen. Wenn ich im Wald eine Zigarette achtlos wegwerfe und dadurch ein Waldbrand auslöse, trage ich die Verantwortung. Spiele ich mit Pfeil und Bogen und ein verirrter Pfeil trifft ein Kind, muss ich bereit sein dafür bestraft zu werden.

Boris Becker vorbestraft

Vorwurf: **Steuerhinterziehung**

Urteil: **Bewährung 2 Jahre**

Das Landgericht München verurteilte ihn zu einer Haftstrafe von zwei Jahren, die Strafe wurde zur Bewährung ausgesetzt. Zudem wurde er dazu verpflichtet, 300.000 Euro Geldstrafe zu zahlen und 200.000 Euro Geldbuße an verschiedene karitative Einrichtungen zu überweisen. Das alles weil er zu oft ein spartanisch eingerichtetes Zimmer in München bewohnt hatte, anstatt mehr Zeit in Monaco zu verbringen.

Mein Urteil: **Bussgeld in Höhe von 10% der Steuerschulden**

Begründung zu meinem Urteils-Vorschlag:
Da hier lediglich eine juristische Feinheit in Bezug auf Mindest-Aufenthaltpflichtpflicht die Ursache war, denn eigentlich war er in Monaco gemeldet, hätte ich Boris lediglich mit einer Verwarnung davon kommen lassen in Höhe von 10% der Steuerforderung.

Bemerkung:
Laut Anklageschrift weilte er in den drei Jahren an 234 Tagen in München, aber nur an 115 in Monte Carlo. Seine Steuern hätte er also hier zahlen müssen. Interessant zu wissen ist auch, dass die Medien schrieben: *Hätte er sich dazu erst in diesem Jahr entschlossen, wäre er nicht wegen eines Vergehens, sondern wegen eines Verbrechens belangt worden - das Gericht hätte er nicht als freier Mann, schon eher in Handschellen verlassen. Denn seit diesem Jahr gilt in Deutschland ein verschärftes Steuerstrafrecht*
Warum wurde dann Peter Graf Jahre vorher so hart bestraft?

Missbrauch an 7 Jähriger

Vorwurf: **Sexueller Kindesmissbrauch**

Urteil: **Bewährung 2 Jahre**

Im Januar 2009 hatte ein 49-jähriger Dorstener die siebenjährige Tochter der Familie Hendrikx sexuell missbraucht. Er lockte das Kind unter dem Vorwand Hundewelpen zu zeigen in seine Wohnung Vor dem Landgericht Essen war der Täter zu einer Bewährungsstrafe von zwei Jahren sowie zur Teilnahme an einer Therapie verurteilt worden.

Mein Urteil: **Freiwillige Kastration und 2 Jahre Legion oder 8 Jahre Legion**

Begründung zu meinem Urteils-Vorschlag:
Diese Tat hinterlässt schwere nachhaltige seelische Spuren sowohl am Opfer, als auch bei den Angehörigen des Opfers. Sowas kann und darf nicht ungesühnt bleiben.

Bemerkung:
„Unser Rechtssystem ist in eine Schieflage geraten", sagt Kinderhilfe-Vorsitzender Georg Ehrmann. „In Deutschland bekommt ein Tankstellenräuber eine härtere Strafe als ein Kinderschänder." Der Grund: Raub, Steuerhinterziehung oder sexuelle Gewalt gegen Frauen gelten grundsätzlich als Verbrechen. Die meisten Fälle von Kindesmissbrauch würden dagegen nur als Vergehen eingestuft. Die Mindeststrafe für Kinderschänder beträgt demnach sechs Monate. Das Verfahren kann zudem eingestellt werden. Für Verbrechen liegt die Mindeststrafe dagegen bei einem Jahr. „Kinder werden zu Opfern zweiter Klasse degradiert", sagt Ehrmann.

Fehlurteile

Ungerechte Urteile zu finden ist leider sehr einfach, weil es so immens viele davon gibt. Allerdings dachte ich nicht, dass es so schwierig ist Details zu bekommen, weil ich hoffte, dass alle Urteile frei in der Nationalbibliothek verfügbar sind. Dem ist leider nicht so.

Heutzutage herrscht für beinahe alles eine Verpflichtung zur Veröffentlichung. Oft sogar mit Kosten verbunden. Schon von diesem Buch hier muss ein kostenloses Exemplare zur Nationalbibliothek. Jeder, der eine Firma sein eigen nennt, weiss welche kostenpflichtigen Veröffentlichungen er leisten muss. Sei es IHK oder sonstwas. Noch wesentlich mehr und kostenintensiver ist eine Aktienfirma. Aber auch der sogenannte normal arbeitende Bürger hat damit zu tun. Sei es bei Immobilien, Erbschaften, Heirat, etc...Ja sogar seine eigene private Webseite muss in Kopie mittlerweile staatlich eingelagert werden. So ist es doch verwunderlich, dass ausgerechnet dort wo "Im Namen des Volkes" entschieden wird, der Staat eine Veröffentlichungspflicht nicht als wichtig ansieht.

Nicht wichtig oder absichtlich das Volk unwissend halten?
Eine Antwort darauf spare ich mir, weil ich es nicht weiss. Die Frage muss sich jeder selbst beantworten, oder die Politiker, die es als Einzige wissen können. Es ist jedoch schon ziemlich seltsam, wie schwierig es selbst für Juristen ist, geignete Parallelurteile zu finden um in einem aktuellen Fall darauf verweisen zu können.

§

Sicher, es gibt Urteilsdatenbanken, die in Bezug Ihrer Unvollkommenheit schon sehr vollkommen sind. Und diese umfangreicheren Exemplare, als auch Bücher zeigen vor allem eines: Der eigentliche Tathergang liesst sich wie eine Aneinanderreihung von Paragraphen in bestmöglichen Juristenfachlatein, die oft sogar eben diese nicht ausreichend dekodieren können. Da wird von Verstössen gegen diesen und jenen Paragraphen gesprochen und die eigentliche Tat geht in diesem Wirwarr und Fachausdrücken verloren. Und eben deshalb sucht ein Jurist bei einer Recherche nicht mehr zum Beispiel: "Mord+Vorstrafe+Bewährung", sondern nach Paragraphen die zu so einem Urteil passen könnten. Da aber leider viele Urteile ganz andere Gesetzesparagraphen zugrunde legen, als was der Jurist vermuten würde, ist das Suchergebnis stark eingeschränkt.

Aber wir wollen ja auch nicht von Juristen reden, sondern vom Volk. Jetzt überlegen Sie mal, wie schwierig Sie es haben, komplette Urteile zu finden, wenn es selbst für Juristen eine Qual ist. Unsereins sieht nur die Spitze des Eisberges, welche sich im Mediendschungel einstweilen abzeichnet. Während vor dem Internet unsere Informationen zu Fehlurteilen nahezu kaum vorhanden waren, so sind sie nun, dank Intenet und Online-Zeitschriften, zumindest, na ja sagen wir mal, wahrnehmbar.

Das Volk ist erschüttert und Nichts passiert
Seit Jahren lese ich solche Fehlurteile und bin, genau wie viele andere Menschen, entsetzt darüber. Da nahezu jeder ähnliche Unrechtsurteile selbst oder im Bekannten/Verwandtenkreis erfahren hat, sollte man doch meinen es müsste längst etwas gegen diesen Missstand passiert sein. Nein, leider nicht. Und das liegt meiner Meinung nach daran, dass der Mensch dazu neigt in einer "Kann man doch nichts gegen machen" Mentalität zu versinken. Verstärkt wird das Ganze noch durch die spärliche Information in dieser Hinsicht.

§

Denn, eines sollte man sich erschreckend vor Augen halten, diese extremen Fehlurteile sind beinahe täglich irgendwo anzutreffen, wir erfahren, wie schon gesagt nur einen Bruchteil davon. Und ich bin absolut der Meinung, wären diese Informationen tagtäglich zu lesen, dann wäre auch schon etwas dagegen passiert.

Jetzt sagt vielleicht der eine oder andere, es kann auch sein, bei soviel Info, dass die Menschen abstumpfen. Der Meinung bin ich in diesem Fall nicht. Das mag zutreffen bei vielen Sachen, wie die Euroeinführung, der elektronische Personalausweis, Zigarettenpreise von 10 DM(oh Verzeihung, 5 Euro), ja sogar seinen Fingerabdruck bei der Einreise in die USA zu hinterlassen, und auch vielem mehr. Hier aber sage ich, wäre das eher vergleichbar mit einem Blinden das Augenlicht zu geben. Und was dieser Blinde dann erkennt kann er auf Dauer nicht verkraften und würde etwas tun müssen.

Blanko-Check
Ich wünschte mir von Seiten der Regierung eine rückhaltlose Aufklärung der Bevölkerung über jedes jemals im "Namen des Volkes" gesprochene Urteil . Und dieses in normalverständlicher Sprache und mit Angabe der daran beteiligten Juristen. Und vor allem kostenlos und für jeden frei zugänglich. Alles andere macht bisher "Im Namen des Volkes" zu einem Blankocheck und wer stellt so einen schon freiwillig aus?

§

Mir ist natürlich klar, dass diese Forderung auf taube Ohren der Regierung stossen wird, solange kein geschlossenes Volk dahintersteht. Eine der grössten Petitionen, die Deutschland je gesehen hat wurde ja sogar gerade in ignorantester Weise übergangen. Von wegen Vertreter des Volkes. Ich meine damit das umstrittene Gesetz der Internetzensur, bei dem der Normalbürger mit falschen Informationen versorgt wurde. Nachdem hier das Volk, dank der Bemühung vieler Fachleute die Augen für die tatsächliche Begründung der Zensur geöffnet wurde, wurde es dennoch verabschiedet. Seltsame Demokratie.

Was soll man von solchen Urteilen halten?
Da wird ein Peter Graf wegen ein paar nicht bezahlter Steuern zu fast 4 Jahren Haft verurteilt, ja die Staatsanwaltschaft forderte sogar fast 6 Jahre. Nichts mit Bewährung oder Sozialstunden oder soetwas, nein volles Programm, auch wenn die Steuern nun voll bezahlt waren. Während ein Kinderschänder und auch ein Totschläger gemütlich nach Hause gehen können.

Da werden ausländische Firmen mit Milliarden Subventionen nach Deutschland geködert, die auch noch Ihre sogenannten Steuersparmodelle problemlos mit deren ausländischen Muttergesellschaft verknüpfen können. Und wenn die Subventionen dann mal aufgebraucht sind, verzieht man sich halt wieder in ein preiswerteres Land. Steuer zahlt man nie wirklich. Eigene gutverdienende Landsleute dagegen haben wenige Möglichkeiten sich richtig zu verhalten. Entweder sie gehen ins Ausland, z.B. Schweiz und werden dann wenn sie populär und beliebt sind, sogar noch vom Staat geehrt. Diejenigen aber, die weiterhin hier bleiben und dem Land grosse Summen an Steuern zahlen, werden in den Kerker geworfen und als Verbrecher gestempelt, wenn bei den grossen Summen nicht auch wirklich 100% der steuerpflichtigen Summen gezahlt werden. Die gezahlten 90% sind egal.

§

Dabei ist das gar nicht so einfach. Auch jeder normale Mensch versucht bei seiner Steuererklärung soviel zurück zu holen als möglich. Wesentlich komplexer ist das bei Firmengeflechten von Unternehmern. Meine Erfahrung mit Steuerberatern in dieser Hinsicht war, dass es keiner im Vorfeld sagen kann und man das nur theoretisch überdenken. Damit will ich sagen, Steuerhinterziehung versucht jeder von uns, die Frage bleibt welche Methoden legal sind oder nicht.

Nachdem Boris Becker verurteilt wurde, liess ihn das Finanzamt immer noch nicht in Ruhe und es fingen neue Ermittlungen an. Daraufhin hat Boris Becker endlich seine Konsequenzen gezogen und ging ins Ausland. Ja so ekelt man Personen aus dem Land, die eigentlich sehr wohl hier etwas auf die Beine stellen wollen und könnten. Solchen Regierungen, die sowas schaffen, kann man doch nur beglückwünschen, nicht wahr?

Meiner Meinung nach, gehört das komplette Steuermodell ohnehin in die Tonne. Es muss erstrebenswert sein, hier Geld zu verdienen und dieses ohne schlechtes Gewissen oder Angst auch wieder investieren zu können. Das schafft Arbeitsplätze und Konsumverhalten.

Madoff bekommt 150 Jahre

Vorwurf: **Betrug, Geldwäsche, Falschaussage**

Urteil: **Haftstrafe 150 Jahre**

Ende 2008 wurde er als jahrzehntelanger Betreiber eines Investmentfonds, betrieben nach dem Schneeballsystem, verhaftet. Nach seinen eigenen Angaben verursachte er damit einen Schaden von etwa 50 Milliarden US-Dollar. Die Eheleute Ruth und Bernard Madoff waren in den Medien zugleich als Philanthropen sehr präsent. Sie wirkten als Spender für zahlreiche wohltätige und kulturelle Einrichtungen, und beide waren Mitglieder im Vorstand mehrerer Theater, Stiftungen und Colleges.

Mein Urteil: **Haft 5 Jahre**

Begründung zu meinem Urteils-Vorschlag:
Man sollte nicht vergessen, dass Madoff niemanden körperlich geschadet hat und das jeder freiwillig investiert hat. Ein Casino-Croupier macht auch nichts anderes und erst recht die normalen Banker, wenn sie Schrott Aktien verkaufen. Normalerweise wäre ich sogar für eine geringere Strafe, aber die gewaltige Geldsumme und damit die Anzahl der Geschädigten mach das unmöglich. Dass Madoff System nur ein Spiel war, steht ausser Frage aber unsere jetzige Wirtschaftslage mit Billionen nicht vorhandenem Geld als Finanzspritzen der Zockerbanken ist auch nichts anderes.

Bemerkung:
Der Prozess am 13. März des Bezirksgerichts New York dauerte insgesamt nur 75 Minuten. Zum Vergleich, der Prozess gegen R. Kelly im Kinderporno-Vorwurf dauerte 6 Jahre und endete unverständlicherweise mit Freispruch. Ein falscher Schönheitschirug, der als "Schlächter von South Beach" in den Medien bekannt wurde, bekam 7 1/2 Jahre. Mike Tyson bekam 3 1/2 Jahre.

Schmuseurteil für Messerstecher

Vorwurf: **Körperverletzung**

Urteil: **Haft 3 Jahre 6 Monate, offener Vollzug**

Mehmet S. (25) und Selcuk B. (23) spazieren lachend nach Hause. Am 1. März griffen sie den Busfahrer Serda C. (35) an. Nach schlimmen Pöbeleien im Oberdeck hatte er sie aufgefordert, auszusteigen. Selcuk B. prügelte auf ihn ein. Mehmet S. rammte ihm das Messer zehn Zentimeter tief in den Rücken. Angeklagt waren sie wegen versuchten Totschlags. Verurteilt wurden sie nur wegen gefährlicher Körperverletzung: dreieinhalb und drei Jahre Knast, irgendwann. Die Richterin empfahl offenen Vollzug, setzte die Haftbefehle aus!

Mein Urteil: **5 Jahre Legion oder 10 Jahre Haft**

Begründung zu meinem Urteils-Vorschlag:
10 Jahre Haft , denn dass das Opfer nicht gestorben ist, war Glückssache und diese Tötung nahmen die Täter bedenkenlos in Kauf. Wäre das Opfer gestorben, wäre mein Strafmass wesentlich höher. Zumal diese Täter schon erheblich(auch Schmuseurteile) vorbestraft sind.

Bemerkung:
Das Messer verfehlte die Bauchschlagader des Busfahrers um Millimeter. Für die Richterin keine lebensgefährliche Verletzung. Eine bloße Fleischwunde, die folgenlos verheilt ist.

Der Busfahrer kann bis heute nicht arbeiten, hat Angst vor jedem Bus, ist in psychologischer Behandlung.

U-Bahn Schläger wurden Messerstecher

Vorwurf: **Körperverletzung**

Urteil: **3 Jahre und 5 jahre**

 Das Landgericht Frankfurt am Main verhängte zum wiederholten Male äußerst milde Strafen gegen zwei Jugendliche, die im Januar 2008 traurige Berühmtheit erlangten, weil sie mit fünf weiteren Kumpanen an der Frankfurter U-Bahnstation Heddernheim einen Schienenbahnfahrer brutal zusammenschlugen. Etwa ein halbes Jahr später, Ende Juli 2008, stachen die beiden längst wieder auf freien Fuß gesetzten 18 und 19 Jahre alten ausländischen Jugendlichen dann einen 23-Jährigen erbarmungslos nieder, weil dieser versucht hatte, einen Streit zwischen den beiden Schlägern und einer weiteren Person zu schlichten.

Mein Urteil: **5 Jahre Legion oder 10 Jahre Haft**

Begründung zu meinem Urteils-Vorschlag:
Wer ohne jegliche Hemmungen mit einem Messer auf einem Menschen einsticht, ist eine Gefahr. Das ist als Mordversuch zu sehen und nicht als Körperverletzung. Nicht einmal ein Arzt könnte in einem Handgemenge abschätzen welcher Stich tödlich wäre und welcher nicht.

Selbst die Kuschelverurteilung ein halbe Jahr vorher, zeigte keine Wirkung auf das Verhalten.

Bemerkung:
Selbst dieses, für in solchen Fällen ausnahmsweise mal, hohe Urteil steht in keiner Relation zu der Tat. Denn es bedeutet i.d.R., dass die Täter ein Jahr oder 1/2 Jahr, wenn überhaupt, in normale Haft müssen, dann eine Jahr offener Vollzug, und dann nach Hause.

Kindesmissbrauch

Vorwurf: **Kindesmissbrauch**

Urteil: **Bewährung 2 Jahre**

Wegen 13 sexueller Übergriffe auf zwei Mädchen (heute 9) ist am Montag ein 47-jähriger Herner vom Landgericht Bochum zu zwei Jahren Haft auf Bewährung verurteilt worden. Der Täter ist intelligenzgemindert. Außerdem erteilte ihm die 3. Strafkammer die Weisung, keinen Kontakt mehr zu Kindern unter 14 Jahren aufzunehmen, wenn nicht ein Erwachsener dabei ist. **Strafmildernd wirkte sich auch sein Geständnis aus. „Das Ganze tut mir leid", sagte er direkt vor dem Urteil.**

Mein Urteil: **Freiwillige Kastration und 1 Jahr Therapie in Anstalt oder 5 Jahre geschlossene Anstalt**

Begründung zu meinem Urteils-Vorschlag:
Leider sind nicht genügend Einzelheiten bekannt. Allerdings geht aus den Akten hervor:"In einem weiteren Fall kam es sogar zu einem ganz besonders intensiven Missbrauch. Richter Johannes Kirfel: „Das ist mit das Ekelhafteste und Abstoßendste, was man einem Kind als Erwachsener antun kann."

Somit gehe ich davon aus, auch wenn das die Tat eines, ausnahmsweise mal wirklich, geistig Gestörten ist, dass die Kinder schwere Folgeschäden davon tragen und dass enorme Widerholungefahr besteht.

Bemerkung:
Dann kann man doch nur hoffen, dass der Täter trotz seiner Intelligenzminderung, den Richter verstanden hat, dass er keine Kinder mehr missbrauchen darf.

Kindesmissbrauch

Vorwurf: **Kindesmissbrauch**

Urteil: **Bewährung 20 Monate**

Recht irritiert zeigten sich in der Berufungsverhandlung vor dem Dortmunder Landgericht die Richter über das Urteil ihrer Kollegen aus der ersten Instanz. Als "eher ungewöhnlich und überzogen" bewerteten die Dortmunder Richter eine Entscheidung des Lüner Amtsgerichts. Hier war der Täter im Oktober vergangenen Jahres wegen schweren sexuellen Missbrauchs zu einer Gefängnisstrafe von zweieinhalb Jahren verurteilt worden. Das Gericht wandelte die **harte** Strafe des Amtsgerichts von 2 1/2 Jahreen in eine zwanzigmonatige Bewährungsstrafe um. Außerdem muss der Verurteilte eine Sexualtherapie absolvieren und drei Jahre lang mit einem Bewährungshelfer zusammen arbeiten. Der Mann hatte sich am 12.Juni vergangenen Jahres in seiner Wohnung an einem damals zehnjährigen Jungen vergangen.

Mein Urteil: **Freiwillige Kastration oder 2 Jahre Legion**

Begründung zu meinem Urteils-Vorschlag:
Erschwerend finde ich hier, dass es sich um eine Berufungsverhandlung handelt, weil dem Täter das vorherige Strafmass von 2 1/2 Jahre ohne Bewährung zu hoch erschien. Und das bei einem Vorbestraften in dieser Hinsicht. Nach echter Reue sieht das nicht aus.

Bemerkung:
Vor zehn Jahren war der heute 44-jährige Mann schon einmal wegen sexueller Übergriffe auf mehrere Jungen zu eine Bewährungsstrafe verurteilt worden.

Bügermeister Kindesmissbrauch

Vorwurf: **Kindesmissbrauch**

Urteil: **Bewährung 1 Jahr**

 Die Staatsanwaltschaft untersuchte 30 Vorfälle, von denen dann vier aus der Zeit von 2006 bis 2008 in die Anklageerhebung kamen. So soll der Bürgermeister Fotos von einem Kind gemacht haben, das seinen Slip heruntergezogen hatte. In einem weiteren Fall soll er einem Kind die Anweisung gegeben haben, von sich ein Bild mit gespreizten Beinen machen zu lassen. Bei der Entstehung von Nacktfotos soll Di Meglio Regie geführt haben. Im letzten Fall soll er ein Mädchen auf dem Schoß gehabt und ihr in die Jeans zwischen die Beine gefasst haben.Der Täter hat alles zugegeben.

Mein Urteil: **Freiwillige Kastration oder 2 Jahre Legion**

Begründung zu meinem Urteils-Vorschlag:
Der Täter handelte nach einem klaren Suchmuster und somit besteht Wiederholungsgefahr. Ausserdem nutze er seine Position um die Kinder jeden Donnerstag im amtlichen Ratshaus für perverse Fotoaufnhahmen zu missbrauchen. Erschwerend kommt auch noch hinzu, dass Bürgermeister Meglio es nicht für nötig hielt, selbst bei Gericht zu erscheinen. Normalbürger würden in solchen Fällen von der Polizei abgeholt.

Bemerkung:
Die Amtszeit des Bürgermeisters endete Ende Juni regulär. Er wird voraussichtlich alle seine Versorgungsbezüge behalten.

Kindesmissbrauch St. Goar

Vorwurf: **Versuchter Kindesmissbrauch**

Urteil: **Haft 1 Jahr 6 Monate**

Mit einem Fall von Kindesmissbrauch befasste sich das St. Goarer Schöffengericht. Ein Mann wollte sich, so die Anklage, an seinem vierjährigen Töchterchen vergreifen und das abscheuliche Geschehen auf Video festhalten. Nur das überraschende Kommen der Mutter, die eigentlich unterwegs war, verhinderte Schlimmeres, wobei frühere Aktivitäten in dieser Richtung nicht ausgeschlossen werden können. Wegen versuchten schweren sexuellen Missbrauchs verurteilte das St. Goarer Schöffengericht somit einen 34-jährigen Mann zu einer 18-monatigen Haftstrafe. Der Mechaniker hatte das Vergehen erst nach intensivem Drängen gestanden.

Mein Urteil: Freiwillige Kastration und 1 Jahr Haft oder 3 Jahre Legion

Begründung zu meinem Urteils-Vorschlag:
Er war bereits einschlägig vorbestraft, mit einem ebenso milden Urteil von einem Jahr Bewährung. Seine kinderpornografische Sammlung fiel bei der Verhandlung unter den Tisch, zeigt sie aber doch gerade die besessene Neigung dieses Täters. Meiner Meinung nach besteht enorme Wiederholungsgefahr.

Polizist Kindesmissbrauch

Vorwurf: **Kindesmissbrauch**

Urteil: **Bewährung 1 Jahr 10 Monate**

Der suspendierte Kommissar hatte zwischen Herbst 2006 und Sommer 2007 zwei zehn- und elfjährige Mädchen für pornografische Aufnahmen missbraucht. Mit Wissen der Eltern eines der Opfer. Gegen den Vater erging nun wegen Beihilfe eine Bewährungsstrafe von einem Jahr und sieben Monaten, die Mutter bekam einen Monat weniger. Das Mädchen musste nackt posieren, die Beine spreizen, sich einölen lassen. Der Polizist veranlasste Nadine sogar, seinen Penis anzufassen! Richterin Petra Müller am Landgericht: „Das sind Taten im unteren Bereich des sexuellen Missbrauchs."

Mein Urteil: **2 Jahre Legion**

Begründung zu meinem Urteils-Vorschlag:
Hier sehe ich in so einem Fall ausnahmsweise von einer Kastration ab. Der Grund liegt darin, weil wir hier einen Polizeibeamten haben, der Selbstdisziplin kennt, auch wenn er es zwischenzeitlich vergessen hatte, und somit eine gute Chance auf Heilung in der Legion besteht.

Ausserdem wurde dem Täter im Moment sein komplettes Leben durch das Verfahren unter den Füssen weggezogen, womit er schwierige Perspektiven für die Zukunft haben dürfte. Daher auch keine Alternative von meiner Seite, einzig die Legion. Und ein Leben dort ist mit Hormonen nun mal erträglicher und in diesem Fall förderlicher für eine Heilung.

Bemerkung:
Beachten Sie bitte, mit welchen geringen Strafen auch die anderen beteiligten belegt worden sind. Ja, sogar die eigenen Eltern.

Pfarrer Kindesmissbrauch

Vorwurf: **Kindesmissbrauch**

Urteil: **Bewährung 2 Jahre**

Von 1987 bis 1995 hat der Geistliche 14 Jungen aus dem Ort 227mal sexuell bedrängt, hat sie unsittlich berührt und gestreichelt. Und das, was vor Gericht verhandelt wurde, ist nur ein Teil der Vorgänge in Haren -Erika, wie aus der Anklageschrift hervorgeht. Zunächst offenbarten sich über 20 Geschädigte, doch dann war ein Teil der Eltern plötzlich nicht mehr an Strafverfolgung interessiert, heißt es bei der Polizei.

Mein **Freiwillige Kastration und entweder 2 Jahre Haft oder 2**
Urteil: **Jahre als Seelsorger in der Legion**

Begründung zu meinem Urteils-Vorschlag:
Über 200 Mal hat der Geistliche Dorfjungen sexuell bedrängt. 14 Kinder aus dem niedersächsischen Dorf Haren-Erika sexuell mißbraucht. Das ist nicht mit einer Bewährungsstrafe vereinbar. Hier liegt klar eine extreme Neigung vor und damit Wiederholungsgefahr. **Zumal er aus ähnlichen Gründen von der katholischen Kirche eben in dieses Dorf strafversetzt wurde.** Hier sollte man auch die Verantwortlichen der Kirche für eine solche Entscheidung bestrafen.

Bemerkung:
Erschreckend ist, dass anscheinend das ganze Dorf Bescheid wusste oder es zumindest vermutete. Nach den Ermittlungen wurden sogar Bürger durch wichtige Dorfbewohner unter Druck gesetzt den Fall auf sich beruhen zu lassen und nicht aktiv mit den staatlichen Behörden zusammen zu arbeiten.

Stiefochter vergewaltigt

Vorwurf: **Vergewaltigung**

Urteil: **Bewährung 2 Jahre**

 Das Landgericht Münster hat den Täter wegen Vergewaltigung der damals 19 Jahre alten Tochter seiner früheren Lebensgefährtin zu zwei Jahren Haft auf Bewährung verurteilt. Zudem muss er 2.700 Euro Bußgeld zahlen. Der 52-Jährige hatte ein Geständnis abgelegt. Nach einer gemeinsamen Geburtstagsfeier in Havixbeck war es zu den sexuellen Übergriffen gekommen.

Mein Urteil: **2 Jahre Legion oder 4 Jahre Haft**

Begründung zu meinem Urteils-Vorschlag:
Es fehlen wie üblich ausreichend Informationen. Da ich aber nichts fand, was auf gezielte Neigungen des Täters schliessen lässt, gehe ich eher von einer Spontanhandlung aus. Ähnlich dem Fall Marco aus der Türkei. Aber im Gegensatz dazu, besteht hier kein Zweifel, da der Täter geständig war. In Hinsicht der Folgeschäden an Opfer und Umfeld ist jedoch eine angemessene Strafe unabdingbar.

Bemerkung:
Hier zeigt sich auch einmal klar und deutlich, was eine solche Tat auch dem Umfeld antuen kann. Die Lebensgefährtin war nach dem Vorfall depressiv geworden und hatte sich das Leben genommen.

Vergewaltigung im Schlafwagen

Vorwurf: **Vergewaltigung**

Urteil: **Bewährung 2 Jahre**

Das Landgericht Koblenz sah es als erwiesen an, dass der Angeklagte die junge Frau im August in einem Schlafwagenabteil missbraucht hatte. Nachdem die 18-jährige Schweizerin die Polizei alarmiert hatte, wurde der Mann in Koblenz aus dem Zug geholt. Der 47-Jährige räumte die Vorwürfe im Prozess ein. Das inzwischen rechtskräftige Urteil wurde bereits am Donnerstagnachmittag verkündet. Der Angeklagte zahlte außerdem noch im Gerichtssaal 2000 Euro Schmerzensgeld an das Opfer.

Mein Urteil: **2 Jahre Legion oder 4 Jahre Haft**

Begründung zu meinem Urteils-Vorschlag:
Auch hier Pauschalurteil und keine Kastrationsforderung, weil keine andauernde Neigung zu erkennen ist. Was nicht bedeutet da wäre keine vorhanden. Aber, wie ich schon erwähnte, es ist leider oft nicht möglich ausreichende Informationen zu bekommen. Daher nicht "In dubio pro reo", sondern "In inscientia pro reo". Also anstatt im Zweifel für den Angeklagten, bei Unkenntnis zugunsten des Angeklagten.

Bemerkung:
Mal abgesehen von dem unveschämten Urteil, wissen wir doch nun was so eine Vergewaltigung finanziell wert ist. 2000 Euro. Seltsam, wenn der Staat Forderungen oder Bussgelder an den Bürger stellt ist das auch schon mal wesentlich höher. Aber, na ja, ist ja **nur** ein Vergewaltigung. Wird schon werden...
Ich weiss nicht wie es Ihnen geht verehrter Leser, aber mir wird schlecht bei solchen Urteilen und Relationen. An die Spätfolgen denkt wohl kein Richter.

13 jährige vergewaltigt

Vorwurf: **Kindesmissbrauch, Vergewaltigung**

Urteil: **Bewährung 2 Jahre**

Der Angeklagte wohnte im Nachbarhaus. Er hatte dem 13 jährigen Mädchen oft bei den Schularbeiten geholfen. Am 23. August 1998 sprach er sie auf der Straße an und versprach ihr eine Überraschung, wenn sie mit ihm käme. Sie folgte ihm auf ein stillgelegtes Fabrikgelände. Dort warf er das Mädchen zu Boden, vergewaltigte es und drohte, wenn sie ihrer Mutter etwas sage, werde er sie umbringen. Das Mädchen wurde schwanger, ihrer Mutter erzählte sie nichts. Erst in der 22. Woche stellte ein Arzt die Schwangerschaft fest und leitete für eine Abtreibung die Wehen ein. Nach 22 Stunden gebar das Mädchen einen toten Jungen. Beim ersten Prozess vor dem Amtsgericht war Kristijan S. wegen Vergewaltigung zu drei Jahren Haft verurteilt worden. Er legte dagegen Berufung ein und kam auf freien Fuß. Er wurde nun vor dem Landgericht zu zwei Jahren Haft auf Bewährung verurteilt.

Mein Urteil: **3 Jahre Legion oder 6 Jahre Haft**

Begründung zu meinem Urteils-Vorschlag:
Die kühl geplante und ausgeführte Tat ist abscheulich genug, ein Mindestmass an angemessener Strafe zu verhängen. Es kann nicht sein, dass so ein Täter wieder gemütlich nach Hause geht. Die Folgen für die damals 13 jährige und die Abtreibung sind sowohl körperlich als auch seelisch in keinster Weise zu unterschätzen.

Bemerkung:
Das erste Urteil in Höhe von 3 Jahren Haft war schon inakzeptabel. Die Mutter des Mädchens nannte das Urteil empörend.

Spontane Vergewaltigung

Vorwurf: **Vergewaltigung**

Urteil: **Bewährung 2 Jahre**

Als Untersuchungshäftling wurde er vorgeführt, auf freiem Fuß verließ er den Saal. Das Landgericht Heilbronn hat einen 29-jährigen Stebbacher zu zwei Jahren Haft auf Bewährung verurteilt. Er hatte gestanden, eine Bekannte nach einem Stelldichein in Eppingen vergewaltigt zu haben. Der alkoholabhängige Aushilfsgärtner muss eine Entziehungskur machen.

Mein Urteil: **Haft 2 Jahre ohne Bewährung**

Begründung zu meinem Urteils-Vorschlag:
Es handelt sich hier nicht um eine gewöhnliche(dummes Wort bei so einer Straftat) Vergewaltigung. Sondern Täter und Opfer kannten sich bereits eine Weile. Das Mädchen hatte ihm offene Avancen gemacht und musste natürlich davon ausgehen, dass der Täter seine Wünsche hatte. Das macht die Tat zwar nicht harmlos, aber auch nicht in dem Maße strafbar wie es bei normalen Vergewaltigungen sein solte.

Bemerkung:
Der Stebbacher und die 19-Jährige, so die Erkenntnisse des Gerichts, hatten sich Wochen vor der Tat kennengelernt, telefonierten viel und regelmäßig. Schon damals war von gegenseitigen Massagen die Rede. Am Tattag trafen sich beide in einem Eppinger Cafe, gingen dann in ein Zimmer, das der 29-Jährige angemietet hatte. „Sie streichelten sich, er wollte mehr, sie nicht".

Renter vergewaltigt Kinder

Vorwurf: **Vergewaltigung, Kindesmissbrauch**

Urteil: **Bewährung 2 Jahre**

Er verging sich im Campingurlaub an einer Freundin seiner Enkelin: Wegen Vergewaltigung einer Zwölfjährigen und anderer Sexualdelikte hat das Hamburger Landgericht einen 60 Jahre alten Rentner gestern zu zwei Jahren Haft auf Bewährung verurteilt. Der asthma- und rheumakranke, gehbehinderte sowie hörgeschädigte Mann hatte zuvor gestanden, das Mädchen im Sommer vergangenen Jahres in seinem Wohnmobil auf der Ostseeinsel Fehmarn zweimal missbraucht zu haben. Der von beiden Mädchen als "Opa" betrachtete Angeklagte sollte mit ihnen dort einige Tage verbringen.

Mein Urteil: **Freiwillige Kastration und 2 Jahre Haft oder 5 Jahre Haft**

Begründung zu meinem Urteils-Vorschlag:
Da kann man nur sagen Alter schützt vor Strafe nicht. Allerdings muss ich zugeben, dass ich hier die Legion aus Altersgründen ausschliesse.

Bemerkung:
Auch hier wurde zusätzlich ein Schmerzensgeld in der lächerlichen Höhe von 2500 Euro verhängt.

Klatten Erpresser

Vorwurf: **Erpressung, Betrug**

Urteil: **Haft 6 Jahre**

Das Landgericht München sprach Sgarbi des gewerbsmäßigen Betrugs, des versuchten gewerbsmäßigen Betrugs und der versuchten gewerbsmäßigen Erpressung schuldig. Die Staatsanwaltschaft hatte für den geständigen 44-jährigen Schweizer **neun Jahre Haft** gefordert, die Verteidigung fünf Jahre.

Mein Urteil: **Geldstrafe und 1 Jahr Haft**

Begründung zu meinem Urteils-Vorschlag:
Der Angeklagt auch nichts anderes gemacht, als das was viele Papparazi tagtäglich tun. Sie fotografieren Promis in verfänglichen Situationen und lassen sich mit einem Exklusivinterview besänftigen, das Material nicht zu veröffentlichen, oder lassen sich sogar schlichtweg bezahlen. Man denke nur an den Fall Paris-Hilton-Video. **Ausserdem muss man immer die Relation zu Strafen bei körperlich geschädigten Personen sehen.**

Bemerkung:
Was ist eigentlich eine Erpressung? Das Gesetz kennt eine klare Aussage, die ich jedoch nicht teilen kann. So ist zum Beispiel das Abdrängens eines Autos in einen Strassengraben eine Nötigung, während ein "Mach das, oder ich sage es anderen" schwere Erpressung darstellt. Mir ist unverständlich wie sein eigener Anwalt 5 Jahre fordern konnte. Aber auch Anwälte sind eben Glückssache. Ausserdem sollte man nicht vergessen, dass Frau Klatten nicht gerade unschuldig in diese Situation gekommen ist. Am schlimmsten sind eigentlich der Ehemann und die Kinder betroffen, aber das war ja nicht Bestandteil der Anklagepunkte und dann hätte man sich auch fragen müssen, wer daran beteiligt war.

Banker beklaut Kunden

Vorwurf: **Untreue, Betrug**

Urteil: **Haft 4 Jahre**

Das Landgericht hat am Dienstag einen ehemaligen Abteilungsleiter der Commerzbank zu vier Jahren Freiheitsstrafe wegen Untreue und Betrugs verurteilt. Der 47-jährige hob zwischen Anfang 2002 und Ende 2006 von sechs Kundenkonten knapp zwei Millionen Euro ab.der Angeklagte gab die 1 279 Taten vor Gericht zu und erklärte sie mit seinem aufwendigen Lebensstil. Deshalb sei von dem Geld auch nichts mehr übrig.

Mein Urteil: **Haft 2 Jahre**

Begründung zu meinem Urteils-Vorschlag:
Hier haben wir eigentlich keinen Betrüger sondern einen Dieb, der zwar arglose Opfer bestahl, die es in den 5 jahren aber offensichtlich nicht mal bemerkten. Ausserdem ist sowieso die Bank haftbar, wodurch das Opfer nicht der Endkunde ist. Aber im Gegensatz zu vielen sogenannten Betrügern bekam er weniger Strafe als die meissten dieser Kategorie. Und wenn er 5 Jahre so operieren kann, spricht das auch nicht gerade für die Kontrollorgane der Bank denen man hier somit eine Mitschuld geben muss.

Obdachloser erschlagen

Vorwurf: **Körperverletzung mit Todesfolge**

Urteil: **Haft 6 Jahre**

Nach dem brutalen Tod eines Obdachlosen in Frankfurt ist der 22 Jahre alte Täter zu sechs Jahren Haft verurteilt worden. Das Landgericht Frankfurt ging in seinem Urteil von Körperverletzung mit Todesfolge aus. Ein Tötungsvorsatz habe bei dem angeklagten Türken, der zur Tatzeit stark betrunken war, wegen des Alkohols und «erheblicher Unreife» nicht festgestellt werden können. Die Schwurgerichtskammer ordnete die Unterbringung des Mannes in einer Alkoholentzugsanstalt an. Der 22-jährige Mann hatte sein 51 Jahre altes Opfer im Oktober vergangenen Jahres in einer Kleingartenanlage angegriffen und eine halbe Stunde lang zusammengetreten. **"Es machte ihm offenbar Spaß, den Obdachlosen zu schikanieren und zu demütigen"**, so der Vorsitzende Richter. Die Brutalität des Angeklagten habe sich strafverschärfend auf das Urteil ausgewirkt, sagte Richter Hans Bachl in seiner Urteilsbegründung.

Mein Urteil: **6 Jahre Legion oder 12 Jahre Haft**

Begründung zu meinem Urteils-Vorschlag:
So eine Person ist eine tickende Zeitbombe. 6 Jahre Haft bedeutet spätestens nach 3 Jahren offener Vollzug, also wieder in der Gesellschaft. Dieser Zeitrahmen ist nicht annähernd genug um seine Verhaltensweise zu überdenken, geschweige denn dem toten Opfer zu Gedenken eine würdige Bestrafung. Von Abschreckung vor neuerlichen Taten dieser Richtung kann somit auch keine Rede sein.

Bemerkung:
Man beachte nun mal die anderen Urteile wie Klatten, Peter Graf, usw... im Verhältnis hierzu.

Polizist schwerer Missbrauch

Vorwurf: **sexueller Kindesmissbrauch**

Urteil: **Haft 3 Jahre**

Der lange Zeit angesehene Beamte aus einer Ortschaft im nördlichen Kreis Aichach-Friedberg hatte sich über Jahre hinweg an Kindern vergangen. In insgesamt 17 Fällen warf man dem Familienvater sexuellen und schweren sexuellen Missbrauch vor. Der Angeklagte muss, wie vorab zwischen Richterin Ortrun Jelinek, Verteidigung und Staatsanwaltschaft verabredet, nach einem umfassenden Geständnis drei Jahre ins Gefängnis. Im Schwimmbad, in Umkleidekabinen, im Auto und in seinem Haus - immer wieder nutzte der Mann jede sich bietende Gelegenheit, um sich an den sechs Mädchen im Alter von vier bis 14 Jahren und einem 10-jährigen Buben zu vergehen.

Mein Urteil: Freiwillige Kastration und 2 Jahre Haft oder 8 Jahre Haft

Begründung zu meinem Urteils-Vorschlag:
Unverkennbar die anhaltenden Neigungen des Täters. Das Strafmass muss deshalb der Tat angemessen sein und einer Wiederholungsgefahr weitgehend ausgeschlossen werden.

Bemerkung:
Auch hier, beachten Sie bitte bei diesem Urteil die unverhältnismässige Verhältnismässigkeit mit anderen Tätern, die keine körperlichen Straftaten begangen haben.

Arzt missbraucht neun Mädchen

Vorwurf: **Kindesmissbrauch**

Urteil: **Haft 3 1/2 Jahre**

Der 49-jährige ehemalige Klinikarzt hatte sich an den zehn bis zwölf Jahre alten Kindern teilweise auch im Amberger Klinikum vergangen, einige der Taten filmte er mit versteckter Kamera. Der Mediziner hatte die in der Anklage aufgelisteten Vorwürfe eingeräumt. Zu schweren Missbrauchsfällen kam es nach Ansicht des Gerichts nicht. Die Staatsanwaltschaft hatte allerdings zwei Fälle als schwer eingestuft. Die meisten seiner Opfer hatte der Arzt unter dem Vorwand, eine Studie über "Reanimation durch Kinder" zu machen, in sein Büro in das Amberger Klinikum gelockt und sich dort an ihnen vergangen. Die Mädchen waren keine Patientinnen, sondern Kinder von befreundeten Familien des Mediziners.

Mein Urteil: **Freiwillige Kastration und 2 Jahre Haft oder 6 Jahre Legion**

Begründung zu meinem Urteils-Vorschlag:
Anhaltende Neigungen, daher besteht Wiederholungsgefahr. In der Legion wäre er am Besten aufgehoben, da er mit seinen ärztlichen Fähigkeiten dort gute Dienste leisten könnte um seine schwere Schuld ein wenig wieder gutzumachen. Allerdings wäre diese Entscheidung, wie auch jede andere optionale Strafe, welche ich hier propagiere, letztendlich vom Täter selbst zu bestimmen.

Franjo Poth

Vorwurf: **Insolvenzverschleppung, Untreue, Betrug, Bestechung**

Urteil: **Bewährung 1 Jahr**

 Pleite-Unternehmer Franjo Pooth ist unter anderem wegen Bestechung und Insolvenzverschleppung zu einem Jahr Haft auf Bewährung und einer Geldauflage von 100.000 Euro verurteilt worden. Ein entsprechender Strafbefehl sei ergangen, teilte das Amtsgericht Düsseldorf mit. Eine öffentliche Hauptverhandlung findet damit nicht mehr statt.

Mein Urteil: **1 Jahr kostenlos in Schuldnerberatung arbeiten**

Begründung zu meinem Urteils-Vorschlag:
Das eigentliche Urteil geht im Grunde für mich in Ordnung, allerdings hat das keinerlei gesellschaflichen Nutzen. Da der Täter, ja auch er muss so bezeichnet werden, einige kleine Unternehmer in den finanziellen Ruin getrieben hat, liegt es doch nahe genau dort seine Strafe anzusiedeln. Sollte er jedoch diese Aufgabe nur halbherzig erledigen, wäre ein neues Strafmass anzusetzen.

Die meisten Vorwürfe gegen Poth kann ich nicht teilen. Wer sich in der Geschäftswelt auskennt, weiss dass vieles davon Standard ist und somit nicht unbedingt als Gesetzesverstoss zu sehen. Da wird überall gemauschelt und getrickst.

Bemerkung:
Auch wenn hier wieder einmal der Neid die Urteilsfähigkeit einschränkt, bitte bleiben Sie objektiv.

Harte Strafe für Brötchendieb

Vorwurf: **räuberischen Diebstahl**

Urteil: **Bewährung 6 Monate und 250 Arbeitsstunden**

Normalerweise wäre sowas als Bagatelle und Mundraub anzusehen. Weil sich der Täter aber, aus Angst, der Festnahme des Marktleiters widersetzte, sah man das als räuberisch an, also vergleichbar wie einen Angestellten zwingen eine Ware heraus zu geben. Nach dem Diebstahl von zwei Brötchen und einem Stück Kräuterbutter im Gesamtwert von 85 Cent hat das Amtsgericht einen Arbeitslosen zu sechs Monaten Haft auf Bewährung verurteilt. Der Mann gestand, im Juli 2006 die Artikel in einem Supermarkt gestohlen zu haben.

Mein Urteil: **Bussgeld**

Begründung zu meinem Urteils-Vorschlag:

Die Festnahme durch den Marktleiter, wenn sie denn überhaupt rechtlich gerechtfertigt ist, steht in keiner Relation zu dem Wert der Ware. Ausserdem war es dumm von dem Marktleiter, denn anhand der vorherrschenden Gewaltbereitschaft von Straftätern, hätte er auch leicht an den Falschen geraten können, wo er dann im Nachhinein seine Überreaktion eingesehen hätte.Nun war dieser Täter aber anscheinend nicht körperlich gefährlich und das muss man ihm auch zugute halten. Es macht keinen Sinn so einem Täter eine so gefährlich klingende Vorstrafe zu verpassen, was diesem nämlich in irgendeinem zukünftigen Verfahren extrem negativ ausgelegt werden würde.

Bemerkung:

Ich kenne einen Fall, wo ein paar 14 jährige Jugendliche mehrmals nachmittags in der Schule herumgestreunt sind ohne Einbruch in üblichen Sinne, die Fenster standen auf, und dort vorhandenen Farbspraydosen, obwohl wesentlich Wertvolleres zugänglich war, mitgenommen hatten. Sie wurden zu Arbeitsstunden verurteilt. Aber, in deren Vorstrafenregister steht zu lesen, schwerwiegender Einbruch und Diebstahl in mehreren Fällen. Was denkt wohl ein Richter in einem neuem Fall, wenn er sowas liest und nicht die wahren Hintergründe kennt?

Versuchte Vergewaltigung

Vorwurf: **Vergewaltigung**

Urteil: **80 Arbeitsstunden**

Im Juli 2006 war der Angeklagte mit einem Jugendreise-Unternehmen nach Spanien gefahren, hatte dort auch die damals 17-jährige deutsche Schülerin kennen gelernt. Am letzten Abend hatte er das Mädchen dann auf einer Rasenfläche zu Fall gebracht, hat sich auf sie gelegt, Sex von ihr verlangt. Doch als er seine Hose öffnen wollte, trat sie ihm in den Bauch und entkam. Das Gericht kam schon nach 45 Minuten zum Urteil. Zuvor hatte der Hauptschüler den Vorwurf versuchter Vergewaltigung noch heftig bestritten aber kurz vor Verhandlungsbeginn zugegeben.

Mein Urteil: ***

Begründung zu meinem Urteils-Vorschlag:
Ich kann dazu keinen Urteils-Vorschlag machen. Denn die Situation ist nicht klar und ausreichend. Hintergrundinformationen über den Täter sind nicht zu finden. Also gehe ich erst mal davon aus, er ist nicht vorbestraft. War es jetzt eine kleine Kabbelei im amourösen Urlaubsumfeld, bei dem ihm die Hormone durchgingen? Und wäre es wirklich zu einer Vergewaltigung gekommen? Aber ob schuldig oder nicht, kann ich aus den wenigen vorliegenden Informationen nicht erkennen. Insofern geht das eigentliche Urteil für mich in Ordnung, allerdings hat der vermeintliche Täter nun "versuchte Vergewaltigung" in seiner Akte stehen und das könnte schon unangemessen sein und später enorme Probleme bringen.

Bemerkung:
Dass der Täter gestanden hat kann sehr wohl auch aus Angst vor einem ansonsten höheren Urteil geschehen sein. Solche Erpressungsgeständnisse sind leider nicht selten.

Wahrsager verurteilt

Vorwurf: **Betrug**

Urteil: **Haft 3 Jahre**

 Für das betrügerische Versprechen, ein Familienvermögen von einem Fluch zu befreien, hat das Konstanzer Landgericht einen selbst ernannten Wahrsager zu drei Jahren Gefängnis verurteilt. Das Gericht ging in seinem Schuldspruch davon aus, dass der 60-Jährige das angeblich verfluchte Bargeld und drei teure Autos im Wert von 146 000 Euro von Anfang an für sich behalten wollte. Eine Konstanzer Familie hatte ihm Geld und Wagen im April 2005 zur „spirituellen Reinigung" überlassen.

Mein Urteil: **Rückzahlung notfalls durch Arbeitsplatz in der Legion**

Begründung zu meinem Urteils-Vorschlag:
Jeder Mensch ist auch für sich allein verantwortlich. Wenn man sogenannten Wahrsagern(das Wort alleine schon eine Farce) vertraut, dann hat man auch eine gewisse Naivität. Wobei ich gar nicht allgemein Esoterik verschlossen bin, auch die Kirche ist eine esoterische Gemeinschaft. Aber man sollte doch auch immer seinen Verstand einsetzen. Den grössten hier entstanden Schaden kann Geld wieder gutmachen. Falls der Täter dieses Geld nicht hat sollte ein grosser Teil seines Einkommens den Opfern zugute kommen. Hat er auch kein Einkommen, könnte man ihm durch eine administrative Einstellung in der Legion dazu verhelfen.

Bemerkung:
Schwierig hier objektiv zu bleiben. Zuerst mal klingt das Ganze lustig, aber wenn man weiss, dass die Familie heute verarmt ist und von Sozialhilfe lebt, dann sieht man das anders. Aber ist so eine unterschiedliche Sichtweise der gleichen Straftat fair?

Zahngold von Toten entnommen und verkauft

Vorwurf: **Unterschlagung, Störung der Totenruhe**

Urteil: **Freispruch**

 Drei Beschäftigte eines Krematoriums in Hof in Franken haben das Zahngold Toter verkauft - und gehen straffrei aus. Sie hatten in den vergangenen zwei Jahren in 600 Fällen Zahngold verbrannter Leichen entnommen und für insgesamt rund 50.000 Euro verkauft.

Mein   **Rückzahlung an die Erben und 1 jahr kostenlose Grabflege**
Urteil: **für jeden bestohlenen Leichnam**

Begründung zu meinem Urteils-Vorschlag:
Hier gehen mit Sicherheit die Ansichten auseinander. Ich betrachte so eine Leichenfledderei als niederträchtig aber meine Ansicht ist irrelavant dabei. Denn mir ist bewusst, wie gierig viele Erben und Nutzniesser das eher pragmatisch sehen. So soll mein Urteil eben sowohl den Hinterbliebenen, als auch den Gedenken der Toten zugute kommen. Die Grabpflege könnte bei auswärtigen Bestattungen ein Problem sein, daher könnte man stellvertretend für jedes einzelne Grab, ein Grab aus der näheren Umgebung zuordnen. Aber es stellt sich auch die Frage, ob nur diese Mitarbeiter verurteilt werden sollen, oder nicht gleich das ganze Krematorium bzw. die Stadt Hof, denn die machten diese Prozedur in eigenem Nutzen genauso.

Bemerkung:
Jetzt frage ich mich, wenn diese 3 kleinen Angestellten schon so nebenbei solche Summen abgreifen konnten und Hof selbst sich in viel grösserem Stil selbst bediente, wie sieht das dann bei anderen Bestattern/Krematorien aus?

Sekte missbraucht Kinder

Vorwurf: **Kindesmissbrauch**

Urteil: **Kinder müssen zurück zur Sekte**

Das Jugendamt hatte die Mädchen und Jungen aus den Fängen der "Fundamentalistische Kirche Jesu Christi der Heiligen Letzten Tage" gerettet – Verdacht auf Missbrauch. Die Kinder würden gefügig gemacht, indem die Sekte sie unmittelbar nach Beginn ihrer Pubertät dazu bringe, Geschlechtsverkehr mit sehr viel älteren Männern zu haben, die als ihre „spirituellen Ehemänner" bezeichnet würden. Die Jungen würden darauf gedrillt, diesen Missbrauch zu akzeptieren und fortzusetzen. Alle 468 Kinder, die aus der Sekte befreit wurden, müssen zurück auf die Ranch entschied der Oberste Gerichtshof des US-Bundesstaates.

Mein Urteil: **Sofortige Ausweisung der Sektenführer und Kinder zu Pflegeltern**

Begründung zu meinem Urteils-Vorschlag:
Hier kommt etwas zum Tragen was es schon oft gegeben hat. Eine Sekte macht ihre eigenen Regeln und setzt sich über den Gesetzen des Landes hinweg. Da sich aber nun mal die Kinder in den USA aufhalten muss der Staat sie auch nach seinen Gesetzen schützen. Daher die Pflegeeltern. Die Sekte selbst wird ihre Ideologie vielleicht in einem anderen Staat ausleben, was ich jedoch nicht hoffe. Meistens kommt es bei so einer Umsiedlung auch zu internen Reibereien, die die Struktur zerfallen lassen.

Wir dürfen nicht den Fehler machen unsere moralischen Werte 1:1 von anderen Kulturen zu verlangen, solange sie ausserhalb unserer Gesetzgebung ihr Unwesen treiben. Kaum einem ist z. B. bekannt, dass es in den Niederlanden eine Pädophilenpartei gibt. Man kann deshalb die Niederlande meiden, aber bestrafen leider nicht.

Jugendliche vergewaltigten Zwölfjährige

Vorwurf: **Kindesmissbrauch, Vergewaltigung**

Urteil: **Jugendhaft 6 Monate**

Der 15-Jährige hatte die Beziehung zu dem Mädchen beendet und den Kontakt dann wieder aufleben lassen. Dann habe er das Mädchen sich und drei weiteren Burschen ausgeliefert. Das Mädchen war nach an drei aufeinanderfolgenden Tagen mit Gewalt und Drohungen zur Duldung des Beischlafs, laut Staatsanwalt, genötigt worden. Die Zwölfjährige wurde am Boden festgehalten und geschlagen. Wenn sie sich wehre, würde man sie "Meier" machen, wenn sie was erzähle, käme der via Handy aufgenommene Film ins Internet. Das Mädchen hatte ihrer Mutter den tatsächlichen Sachverhalt erst Monate später anvertraut.

Mein Urteil: **Legion 3 Jahre oder Haft 6 Jahre**

Begründung zu meinem Urteils-Vorschlag:
Diese Tat zeigt eindrücklich, wie hemmungslos vorgegangen wurde. Auch wenn es noch Jugendliche sind so muss doch zwingend auf die weitere Entwicklung eingewirkt werden. Und die Tat muss angemessen bestraft werden.

Bemerkung:
Der Staatsanwalt sprach übrigens von Nötigung zum Beischlaf, nicht "gezwungen". Unfassbar.

Börsenspekulant verurteilt

Vorwurf: **Betrug**

Urteil: **Haft 5 Jahre 6 Monate**

 Dem zur Tatzeit 28 jährigen Angeklagten wurde vorgeworfen Anlegergelder in den Jahren 1994 -1997 zu eigenen Zwecken genutzt zu haben oder sich daran unrechtmässig bereichert zu haben. Trotz durchaus positiver Zeugenaussagen von ehemaligen Anlegern entschied das Landgericht eine Haftstrafe in Höhe von 5 Jahren und 6 Monaten. Die Schadensumme wurde auch ca. 6 Mio. DM beziffert, wobei Anlegergelder in Höhe von 1-2 Mio. Euro von der Staatsanwaltschaft beschlagnahmt wurden.

Mein Urteil: **Zahlung an Anleger**

Begründung zu meinem Urteils-Vorschlag:
Der Angeklagte hatte nachweisen können die Gelder an der Börse investiert zu haben. Vorwerfen kann man ihm deshalb lediglich auch durch Gebühren verdient zu haben selbst wenn die Anleger verloren haben und Gewinnerwartungen in Aussicht gestellt zu haben, obwohl es sich um hochspekulative Geschäfte handelte. Aber mal ehrlich, was hat die Telekom gemacht, oder was macht ein Spielcasino, oder das staatliche Lotto? Eben, werben mit möglichen Gewinnen. Zudem wurde keiner körperlich geschädigt und der Täter hatte nachweislich sehr oft ärmeren Investoren freiwillig verspielte Gelder aus eigener Tasche zurück gezahlt.

Bemerkung:
Kurios und zugleich unfassbar in diesem Verfahren war, als ein Zeuge zugunsten des Angeklgten aussagte und deshalb vom Richter angeschrien wurde, der sich nicht ernst genommen fühlte, und danach den Zeugen vorübergehend in eine Arrestzelle sperren liess. Der Richter ist in Anwaltkreisen übrigens bekannt für hohe Urteile in solchen Fällen. Dennoch wurde eine Revision verweigert.

Vorbestrafte Schläger laufen Amok

Vorwurf: **Hausfriedensbruch, Körperverletzung, Diebstahl**

Urteil: **Sozialstunden**

Die Ex-Freundin eines Nettetalers wollte sich an ihrem Ex-Freund rächen und kam in Kontakt mit drei einschlägig vorbestraften Schlägern. Gemeinsam suchten sie eines Abends in alkoholisiertem Zustand die Wohnung des ehemaligen Freundes auf. Dabei trugen sie Baseballschläger, Schlagringe und Messer bei sich. Sie zertrümmerten die Eingangstür und fanden lediglich die Schwester des Ex vor, die dort mit drei anderen Personen, unter anderem einen RoteKreuz Helfer, auf die Rückkehr ihres Bruder wartete. Voller Wut darüber, nahmen die Täter was gerade da war und schlugen auf die Personen ein, zertrümmerten die komplette Wohnung und schliffen die Anwesenden durch die Glasscherben des Fernseher. Durch den Lärm hatte jemand die Polizei alamiert und diese griff dann die Täter auf, wobei einer noch sagte:"Ihr könnt eh nichts machen wir sind besoffen". Bei der Verhandlung wurden zwar alle Opfer vorgeladen, **aber diese durften nicht aussagen**, das Urteil fand sozusagen hinter verschlossener Tür statt.

Mein Urteil: **2 Jahre Legion oder 4 Jahre Haft**

Begründung zu meinem Urteils-Vorschlag:
Diese hemmungslose Brutalität und die Vorstrafen der Täter zeigen, dass alle Versuche der Justiz bisher verpufft sind. So bleibt nur die die grösstmögliche Härte einzusetzen. Nicht zu vergessen ist, dass alle Opfer schwere körperliche und traumatische Schäden davon trugen. Auch hätte es ebenso gut zu tödlichen Verletzungen kommen können.

Bemerkung:
Die Täter haben daraus nichts gelernt. In den Folgejahren wurden sie immer mal wieder zu ähnliche lapidaren Strafen verurteilt.

Schläger zertrümmert Gesicht

Vorwurf: **Körperverletzung**

Urteil: **Bewährung 1 Jahr**

 Als Folge einer verbalen Auseinandersetzung holte der Täter, Emsud S., aus einem Auto ein, wahrscheinlich bereits für solche Fälle bedacht, abgesägtes Tischbein. Damit schlug er bedenkenlos auf das Opfer ein, welches dadurch einen Gesichtsfraktur erlitt. Ein Jochbeinbruch und teilweise nie mehr reperable Schäden waren die Folgen.

Mein Urteil: **2 Jahre Legion oder 4 Jahre Haft**

Begründung zu meinem Urteils-Vorschlag:
Der stadtbekannte und vorbestrafte Täter hat aus einen bisherigen Strafen nicht gelernt und ist somit eine Gefahr für die Allgemeinheit. Die körperlichen Schäden des Opfers gehen über eine normale Köperverletzung weit hinaus.

Bemerkung:
Der Täter hatte bereits 1998 drei Wochen Jugendarrest absitzen müssen wegen einem ähnlichen Delikt. 1999 wegen gemeinschaftlichen Raubes erhielt er neun Monate Bewährung. Danach folgten noch Urkundenfäschung und Fahren ohne Fahrerlaubnis. Nicht eingerechnet die eingestellten Verfahren wegen angeblicher Belanglosigkeit.

Zumwinkel verurteilt

Vorwurf: **Steuerhinterziehung**

Urteil: **Bewährung 2 Jahre**

 Am 26. Januar 2009 wurde Klaus Zumwinkel von der 12. großen Strafkammer des Landgerichts Bochum wegen Steuerhinterziehung zu einer zur Bewährung ausgesetzten Freiheitsstrafe von zwei Jahren verurteilt. Zumwinkel hatte gestanden, über eine Stiftung in Liechtenstein Steuern in Höhe von knapp 970.000 Euro hinterzogen zu haben.

Mein Urteil: **Geldstrafe in gleicher Höhe der Steuerschuld**

Begründung zu meinem Urteils-Vorschlag:
Ich sehe hier keinen Unterschied zu einem Peter Graf. Wenn dann höchstens, dass Peter Graf sich auf sogenannte Steuerexperten verliess um Schlupflöcher zu nutzen während Zumwinkel sich genau bewusst war, was er darf und was nicht. Wieso wurden hier nicht auch 6 Jahre gefordert?

Bemerkung:
Man könnte auch die grössere Summe von Peter Graf als Unterschied anbringen, aber zum einen darf das wohl nicht so einen gewaltigen Unterschied im Strafmass ausmachen und zum anderen hat er somit auch bestimmt grössere Summen regelmässig ans Finanzamt gezahlt. Nebenbei sei bemerkt, dass es auch bei Zumwinkel um noch grössere Beträge ging, dieser aber aufgrund seltsam anmutenden juristischen Zeitlimits, ein Ermittlungsrichter hatte Beschlüsse 12 Stunden zu spät ausgefertigt, verjährt waren. Und das Zumwinkel ein Finanzprofi war steht ausser Frage, womit klar ist, dass er auch jede legale Möglichkeit von steuerlichen Tricks genutzt haben dürfte. Wie dem auch sei, weder Peter Graf noch Klaus Zumwinkel haben Personen körperlich oder seelisch geschädigt und somit darf eine Strafe nur dem Vergehen angemessen sein. Bei Peter Graf dadurch teurer, bei Zumwinkel billiger, eben relativ gerecht.

§

Geht es Ihnen noch gut?
Dann geht es Ihnen anders als mir. Ich kämpfe gerade mit Wut und Ekel, dass solche Urteile möglich sind. Vor allem, denken Sie nun nicht diese Urteile wären sorgfältig von mir ausgewählt. Mitnichten! Im Gegenteil stellen sie nur die Spitze des Eisberg dar, wie sie nachher erkennen werden. Es sind keine Ausnahmen, sondern die Regel. Und ich bin zur Zeit von der Vielzahl erschlagen, weil ich die kompletten Informationen dazu mühselig an verschieden Stellen raussuchen muss.

Besonders erschreckend finde ich die Vielzahl von Sexualdelikten insbesondere bei Kindern. Da fragt man sich irgendwann "Bin ich normal oder sind die es, bei so vielen dieser Täter?" Ja, man kommt sich fast vor wie ein Geisterfahrer auf der Autobahn. Ebenso unverständlich die überwiegenden geringen Strafen dazu.

Wichtig zu wissen ist auch, dass sehr viele gefährliche Straftäter gar nicht erst eine normale Verhandlung erleben. Da entscheidet zuerst mal ein Staatsanwalt ob sowas überhaupt notwendig ist oder doch besser direkt eingestellt. Dann urteilt des Öfteren ein Schöffengericht ohne wichtige Zeugen zu Wort kommen zu lassen. Und dabei sind Fälle von Ausmassen, wie gefähliche Körperverletzung, Erpressung, Entführung, Vergewaltigung, usw. keine Seltenheit.

Die Anzahl der Fehlurteile selbst würden ein mehrere tausend Seiten dickes Buch werden. Leider ist die Recherche für jedes Einzelne zeitraubend und da ich kein hauptberuflicher Autor bin kann ich mir diese Zeit im Moment nicht leisten. Aus diesem Grund werden gleich noch mehr Urteile folgen, die ich aber nicht mehr kommentiere, bilden Sie sich bitte Ihr eigenes Urteil.

Bevor wir dazu kommen möchte ich aber noch einige Fragen mit Ihnen durch gehen, die ich gestellt habe oder die mir gestellt wurden.

Fragen und Antworten

Fragen an die Medien

Warum gelangen so relativ selten Urteile wie diese hier in den Medien, obwohl doch wesentlich mehr davon vorhanden sind?

Eine Schlagezeile wie "Vergewaltiger erhält Bewährung" bringt uns Leser. Wenn aber nun dauernd solche Schlagzeilen, auch wenn durchaus vorhanden, bei uns zu lesen sind stumpft der Leser ab und es ist keine leserbringende Schlagzeile mehr im üblichen Sinn. Wir bedauern das, aber wir müssen auch wirtschaftlich denken.

Wieso liest man oft bei Ihnen etwas über eine erschreckende Tat und Prozess wird fortgeführt, aber das nachfolgende Urteil ist bei Ihnen später nicht zu finden?

Unsere Kapazitäten sind begrenzt. Wir müssen Prioritäten setzen. Wenn wir uns an einen Prozess klemmen, gehen diese Kapazitäten in anderer Richtung verloren. Ausserdem müssten wir ja auch genau wie Sie eine eigene Wiedergabe des Ganzen schreiben, was zusätzliche Arbeit erfordert, weil es auch rechtlich abgesegnet sein muss.

Warum liesst man so oft von Kindesmissbrauch, ist das ein neuerliches Problem.?

Ganz und gar nicht. Nur wurde eben früher noch weitaus weniger darüber berichtet aber auch geurteilt als heute. Wie wir bei vielen Fällen sehen ist Dunkelziffer zwar heute geringer als früher aber immer noch erschreckend hoch. Opfer reagieren nicht aus Scham, Täter werden aus verschiedenen Gründen geschützt.

Fragen und Antworten

Fragen an die Medien

Wieso findet man in den Medien nahezu keine Verfahren, die zu Unrecht als Bagatelle abgestempelt und somit eingestellt wurden oder ein paar Arbeitsstunden veranschlagt wurden?

Das bedauern wir auch, schon alleine aus wirtschaftlichen Gründen. Wir wissen natürlich wieviele gefährliche Straftäter so günstig davon kommen. Aber eine Recherche in dieser Richtung ist ungleich mehr Aufwand als bei normalen Verhandlungen, was unsere Kapazitäten je bereits übersteigt. Hier würden wir Ihre Forderung nach einer behördlichen Datenbank einerseits sehr begrüssen, andererseits hat die Konkurrenz dann natürlich auch bereits die gleichen Schlagzeilen.

Fragen und Antworten

Fragen an Juristen

Warum werden heute so oft bedenkenlos Messer und andere Waffen eingesetzt, oder war das früher auch schon so?
Nein, dass hat gravierend zugenommen. Einige meiner Kollegen sind der Meinung diese Eigenart wurde von Ausländern übernommen, da in vielen Kulturen der Gebrauch von Messern eine beleibte Tradition ist. Andere sagen, die aggresiven Computerspiele lassen die Grenzen von Wirklichkeit und Scheinwelt verschwimmen. Vielleicht ist es ein wenig von Beidem gepaart mit antiautoritärer Erziehung, wer weiss das schon. Tatsache ist, frühere Generationen hatten Hemmungen bei kleinen Streitereien Waffen einzusetzen, um nicht versehentlich jemanden umzubringen.

Finden Sie Gerichtsurteile gerecht?
Das kann man nicht pauschalisieren. "Nach der ständigen Rechtsprechung des deutschen Bundesverwaltungsgerichts gibt es kein Recht auf Gleichbehandlung im Unrecht". Einen kleinen Unterschied gibt es dazu noch in der Schweiz: "Wenn eine Behörde ständig von dem Gesetz abweicht und zu erkennen gibt, dass sie auch in Zukunft nicht gesetzeskonform entscheiden werde, kann der Bürger verlangen, gleich behandelt, d. h. ebenfalls gesetzwidrig begünstigt zu werden.

Nicht desto trotz weiss jeder Anwalt natürlich, dass ein Urteilsspruch von vielen Faktoren abhängig ist. Vor allem auch von den juristischen Personen vor Ort. Um dieses zu ändern müsste man Richter gegen Computer austauschen, die strikt nach Gesetz handeln. Vielleicht wäre das sogar fairer. Aber das oft geringe Strafmass für einige Verbrechen liegt vor allem auch in der gesetzgebenden Macht, an die sich dann auch ein elektronischer Richter halten müsste.

Fragen und Antworten

Fragen an Juristen

Es scheint manchmal ein Anwalt ist mehr an seinem Vorteil, schnelle Verhandlung/Urteil, wenig Arbeit interessiert als an das Wohl des Mandanten. Können Sie das bestätigen?

Offiziell werde ich mich hüten soetwas zu behaupten. Inoffiziell sind mir allerdings leider viele solcher Fälle bekannt. Meistens jedoch bei Betrug, Zivilrecht, Steuerhinterziehung, Schwarzarbeit, also bei langwierigen Prozessen. Einer der Gründe für oft überhöhte Urteile in solchen Fällen.

Fragen und Antworten

Fragen die mir gestellt wurden

Warum bilden Sie sich ein gut ausgebildete Juristen bei deren Arbeit kritisieren zu können?

Mit dem gleichen Recht, warum ich auch die Gesangskünste eines Dieter Bohlen kritisieren würde obwohl ich selbst nicht mal annähernd soviel Ahnung von Musik habe wie er. Oder mit dem gleichen Recht wie Sie einem 5 Sterne Koch sagen würden, dass Sie Ihr Steak gerne anders haben möchten als er empfiehlt. Einzig und allein wegen meiner persönlichen Meinung! Und wenn ich mich so umschaue, stehe ich da auch nicht ganz alleine da. Seltsamerweise stosse ich allerdings immer gerade bei angehenden Juristen auf taube Ohren. Wie kommt dieses Missverhältnis zwischen Volksempfinden und Juristendenken zustande. Ich vermute aus Angst das schwierig Erlernte könnte umsonst gewesen sein und man müsste juristisch neu umdenken.

Ist eine Legion nicht ein Rückschritt ins Mittelalter?

Diese Frage höre ich oft. Wenn ich dann aber nachfrage was daran so altmodisch sein soll bekomme ich keine Antwort. Schliesslich ist doch gerade aktuell immer wieder von sogenannten Erziehungscamps die Rede. Dann merke ich aber oft, dass viele den Begriff Legion mangels Wissen falsch assoziieren. Die französische Fremdenlegion ist eine der modernsten Armeen der Welt. Es gelten zwar militärische Gerichtsbarkeiten aber deshalb ist so eine Armee weder ein Folterinstrument noch sonst etwas in dieser Richtung. Lediglich ein Erziehungcamp, was auch den Namen verdient, und nicht ein Camp wo die sprichwörtliche "stille Treppe für Kai-Uwe-Justin" steht. Ausserdem ist zu bedenken, dass eine solche Truppe durch ausländische Aufträge, auch friedlicher Natur, eine enorme Einnahmequelle darstellt, wodurch der Straftäter einerseits seinen Sold verdient ohne den Steuerzahler zu belasten und andererseits dem Gemeinwohl dient um somit für seine Tat ein wenig Wiedergutmachung zu leisten.

...noch mehr

Ich war Zeuge

Bevor ich ihnen nun unkommentierte Strafhandlungen präsentiere möchte ich Sie an einem Erlebnis teilhaben lassen, dass mein Vertrauen in die Justiz schon damals erschütterte.

1997 wurde ich Zeuge eines erpresserischen Entführung, die niemals ordentlich vor Gericht kam. Es begann an einer Tankstelle im Kreis Viersen. Genauer gesagt Tankstelle Lenzen besser bekannt als AJL in Lobberich. Ein Geschäftsmann sollte von einem ehemaligen Mitarbeiter ausgebootet werden, weil das nicht klappte kam es zu einem Treffen an besagter Tankstelle wo besagter Geschäftsmann einen Vertrauten zu einem klärenden Gespräch mit dem ehemaligen Mitarbeiter beorderte. Nur, der ehemalige Mitarbeiter hatte einen anderen Plan. Er hatte sich mit einschlägig vorbestraften Männern verabredet die Sache anders anzugehen.

So kamen sie zu der Tankstelle und wollten den Vertreter des ehemaligen Chefs zu einer Autofahrt überreden, was dieser ablehnte. Daraufhin brach ein kleiner Streit aus, bei deren Gelegenheit die Freunde des Ex-Mitarbeiters grundlos zwei Personen, welche den Vertreter des Chefs begleitet hatten, ein Messer ins Bein stachen. Dann nahmen sie die unter Schock stehende, Vertretung des Chefs mit sich zum Parkplatz wo zu diesem Zweck wohlkalkuliert bereits ein Wohnmobil wartete.

...noch mehr

Es folgte eine Irrfahrt mit dem Opfer durch den Kreis Viersen, unter ständiger Androhung diesen zu verstümmeln oder umzubringen. Nun rief der eigentliche Initiator dieser Aktion, ein türkischstämmiger Nettetaler, seinen ehemaligen Chef an forderte eine Art Aufwandsentschädigung in Höhe von 50.000DM. Da der Chef allerdings selbst geschäftlich juristische Probleme mit den Behörden hatte, dachten Sie wohl er würde die Polizei nicht verständigen. Doch genau das tat er. Und innerhalb kürzester Zeit wurde eine Sonderkommission und Eingreifstruppe gebildet und natürlich die Telefonvorgänge abgehört und geortet. Da sich das Wohnmobil mit der eingeschüchterten Geisel ständig in Bewegung befand, war ein Zugriff auch nach Stunden noch nicht passiert. Dem Geschätfsmann wurden mittlerweile die Finger der Geisel angeboten, wenn dieser nicht umgehend bezahlt, wie erwähnt alles auf polizeilichem Band verfügbar.

Bei einem erneuten Gespräch zwischen den beiden Parteien, vermuteten die Geiselnehmer, durch Hinhaltetaktik des Geschätsmannes, eine Involvierung der Polizei. Darauf hin schien, wie ich später erfuhr, eine Panik die Geiselnehmer zu erfassen und während die einen für eine Beseitigung der Geisel waren, waren die anderen für eine Freilassung. So kam es, dass sie sämtlichen Polizeistreifen zum Trotz nicht entdeckt wurden und die Geisel am Abend in Mönchengladbach frei liessen. Dieser begab sich zur Polizei und die Täter wurden noch am gleichen Abend verhaftet, aber auch am nächsten Tag wieder auf freien Fuss gesetzt mangels Fluchtgefahr.

...noch mehr

Monate später, die Geisel wurde in dieser Zeit von den Tätern gewarnt auszusagen, wurde ich zum zuständigen Staatsanwalt nach Krefeld zitiert und vor mit saß ein "äusserst" gemütlich und lustlos wirkender vollschlanker Mann, der irgendwie so gar keine Lust auf den ganzen Kram zu haben schien. Nachdem ich meine Sichtweise und Informtionen geschildert hatte meinter er, dass wäre wohl mehr so Etwas wie ein interner Streit und er glaubt nicht mich zukünftig zu brauchen.

Wie bitte?
Ich sagte ihm gefährliche Körperverletzung, Geiselnahme, Erpressung, Morddrohung, Zeugenbedrohung soll alles nur ein belangloser interner Streit sein, der nicht abgeurteilt wird? Er erwiderte darauf nur, er müsse sich noch mal die Unterlagen komplett anschauen, was mir hinsichtlich seines Enthusiamus schwer fiel zu glauben.

Keine echte Strafe
Es kam wie zu befürchten, wenn auch nicht zu glauben, die Täter wurden allesamt trotz dieser extremen Taten und trotz der Verletzten, einer kann sein Bein bis heute nicht zu 100% gebrauchen, lediglich zu Geldstrafen verdonnert. Wohlgemerkt, alles ohne dass einer der Zeugen jemals zu Gericht zitiert wurde.

Wer diese Ungeheuerlichkeit nicht glaubt, möge diesen Fall bei der Staatsanwaltschaft Krefeld respektive Polizei Viersen und Mönchengladbach recherchieren.

...noch viel mehr

Nun einige unkommentierte Fälle

Der Amokläufer vom Berliner Hauptbahnhof muss für sieben Jahre in Haft

Berlin - Nach der feierlichen Eröffnung des Bahnhofs am Abend des 26. Mai 2006 hatte der damals 16-Jährige im Berliner Regierungsviertel wahllos mit einem Klappmesser auf Passanten eingestochen. 33 Menschen erlitten Stich- und Schnittverletzungen, einige konnten nur durch Notoperationen gerettet werden. Mindestens acht Verletzte schwebten nach Angaben der Staatsanwaltschaft damals in Lebensgefahr. Zu den Verletzungen und dem Schrecken kam bei vielen Opfer noch die Angst vor einer Aids-Ansteckung: Eines der ersten Opfer des Jugendlichen litt an der Immunschwächekrankheit. Eine Ansteckung durch das blutige Messer konnte bisher aber nicht festgestellt werden.

Quelle: http://www.spiegel.de/panorama/justiz/0,1518,473520,00.html

Zwei Jahre auf Bewährung für Sextäter

Das Landgericht Krefeld hat einen 30-jährigen Mann wegen sexuellen Missbrauchs eines Mädchens in zwei Fällen zu zwei Jahren Haft auf Bewährung verurteilt. Er muss zudem an einer Verhaltenstherapie für Sextäter teilnehmen und darf drei Jahre lang keine Kinder mehr betreuen, wie das Gericht heute festlegte. Weil der 30-Jährige geständig war und seinem Opfer die Aussage vor Gericht ersparte, kam er mit einer Bewährungsstrafe davon. Der Mann hatte die damals Sechsjährige in den Jahren 2006 und 2007 als Babysitter betreut.

Quelle: http://www.muensterschezeitung.de/nachrichten/nrw/nordrheinwestfalen/art5192,587894

...noch viel mehr

Koma-Schläger straffrei

Wie kann das sein? Komaschläger Erdinc S. aus Ostheim hat einen Menschen zum Krüppel gemacht. Doch bestraft wird er dafür nicht. Der milde Jugendrichter Hans-Werner Riehe (55) stellte zwar seine Schuld fest, verhängte aber keine Strafe. Dafür muss der junge Komaschläger Erdinc ein Anti-Agressionstraining absolvieren. Selbst bei Erdincs Verteidiger Andreas Bartholomé war nach der Urteilsverkündung ein ungläubiges Grinsen im Gesicht zu sehen. Der hatte eine Bewährungsstrafe erbeten. Doch da ging der Richter drunter.

Der Verteidiger hatte Erdinc noch geraten, sich bei dem Opfer noch zu entschuldigen. Das soll Erdinc nach EXPRESS-Informationen mit dem Spruch "Das geht gegen meine Ehre" kommentiert haben. Vor dem Landgericht beleidigte er noch den EXPRESS-Fotografen und plusterte sich auf: "Hol dir doch einen runter!". Dann zog er im Beisein von Vater, Mutter und seiner schwangeren Verlobten von dannen.

Erdinc S. wird bei der Staatsanwaltschaft als Intensivtäter geführt. Für einen Raub, den er Anfang 2007 kurz vor der Komaschlägerei begangen hatte, bekam er ebenfalls nur eine Schuldfeststellung.

Amtsgerichtssprecher Jürgen Mannebeck unternahm danach einen Versuch der Erklärung: „Das Jugendstrafrecht setzt die Schwere der Schuld voraus." Und die sei bei Erdinc nicht festgestellt worden. Das Jugendstrafrecht habe in erster Linie erzieherischen Charakter.

http://www.express.de/nachrichten/region/koeln/milder-richter-liess-ihn-laufen_artikel_1210237945388.html

...noch viel mehr

Justiz schickt Pädophilen in Kindergarten

Die Staatsanwaltschaft Osnabrück hat einen verurteilten pädophilen Straftäter in einem Kindergarten eingesetzt. Dort leistete er Sozialarbeit, weil er Arbeitslosengeld erschlichen hatte – und wurde rückfällig.

In der Einrichtung in Melle bei Osnabrück in Niedersachsen habe sich der Mann im Frühjahr erneut unsittlich Kindern genähert, sagte ein Sprecher der Staatsanwaltschaft am Mittwoch und bestätigte einen Bericht der "Neuen Osnabrücker Zeitung". Bei der Zuweisung zu sozialer Arbeit sei offenbar das Vorstrafenregister übersehen worden, sagte der Behördensprecher. „Die Akte wurde nicht eingehend geprüft." Nachdem es zu der unsittlichen Annäherung im Kindergarten gekommen war, hatten sich die Kinder offenbar ihren Eltern anvertraut.

Quelle: http://www.focus.de/panorama/welt/osnabrueck_aid_139180.html

19-Jähriger dringt in Altenheim ein und verletzt Bewohner

6. Juli 2009, 04:00 Uhr .. Ein 19 Jahre alter Räuber ist am Böttcherkamp (Lurup) in ein Altenheim eingedrungen und hat drei Bewohner niedergeschlagen. Martin G. hatte erst den Empfangstresen durchwühlt. Dann hatte er eine 70-Jährige niedergeschlagen und ihr die Geldbörse geraubt. Der Frau wurde die Nase gebrochen. Ein Mann (72) und dessen Frau (69), die durch die Hilfeschreie auf die Tat aufmerksam wurden, schlug der Täter ebenfalls nieder. Der bereits am Boden liegenden Frau trat er noch ins Gesicht. Dann durchwühlte er die kleine Wohnung seiner Opfer. Anschließend griff der Täter noch einen Zeugen (44) an. Polizisten nahmen Martin G. fest. Es wurde festgestellt, dass er in der Umgebung zwei Autos aufgebrochen hatte. Gegen Martin G., der bereits wegen Einbruch und Raub polizeibekannt ist, wurde Haftbefehl beantragt. Ein Richter ließ ihn wieder laufen.

Quelle: http://www.welt.de/die-welt/article4065419/19-Jaehriger-dringt-in-Altenheim-ein-und-verletzt-Bewohner.html

...noch viel mehr

Vergewaltigte HIV-positiver Masken-Mann 13-Jährige?

Würzburg – Maskiert wie bei einem Banküberfall hat der Angeklagte Kennedy O. gestern das Landgericht Würzburg betreten. Nur seine Augen waren durch zwei Schlitze zu sehen. Dem mit dem Aids-Virus infizierten Discjockey wird vorgeworfen, im August 2004 ein damals erst 13 Jahre altes Mädchen vergewaltigt zu haben. Der Mann aus Kenia bestreitet die Vorwürfe: "Ich bin davon ausgegangen, dass sie kein Kind mehr war." Zwar sei es einmal zum ungeschützten Geschlechtsverkehr mit der Schülerin gekommen, diese sei aber damit einverstanden gewesen und habe sich nicht gewehrt.

Angeklagt ist er auch, weil er mit zwei weiteren Frauen - einer Hausfrau und einer Friseurin - ohne Kondom geschlafen haben soll, obwohl er von seiner HIV-Infektion wusste. Der Discjockey sitzt bereits im Gefängnis. Im März 2007 wurde er zu fünfeinhalb Jahren Haft verurteilt, weil er mit sechs Frauen ungeschützen Sex hatte.

Quelle: http://www.express.de/nachrichten/news/vermischtes/vergewaltige-hiv-positiver-masken-mann-13-jaehrige_artikel_1246563073881.html

...noch viel mehr

Bundesgerichtshof: Unfall in Selbstmordabsicht war Mord
19-jähriger Geisterfahrer muss vier Jahre ins Gefängnis

Der Bundesgerichtshof (BGH) in Karlsruhe hat die Verurteilung eines Geisterfahrers wegen Mordes zu einer vierjährigen Jugendstrafe bestätigt. Das Landgericht Regensburg sah das Mordmerkmal der Heimtücke als gegeben an - zu Recht, wie nun der BGH bestätigte. Andernfalls hätte der jugendliche Geisterfahrer lediglich wegen Totschlags verurteilt werden können.

Nach den Feststellungen des Landgerichts war der 19-Jährige in den frühen Morgenstunden des 19. Juni 2004 ohne Licht an der Autobahnausfahrt Schwarzach in Bayern in falscher Richtung auf die A3 aufgefahren. Um Selbstmord zu begehen, soll er billigend in Kauf genommen haben, dass auch andere Menschen sterben oder schwer verletzt werden. Ohne Licht beschleunigte er auf mindestens 117 Stundenkilometer und stieß mit einem entgegenkommenden Siebensitzer zusammen. Bei dem Unfall starben ein vierjähriges Mädchen, ihre Mutter und ein weiterer Erwachsener; der Vater und zwei weitere Töchter wurden schwer verletzt.

http://www.123recht.net/Bundesgerichtshof-Unfall-in-Selbstmordabsicht-war-Mord-__a16011.html

Hier kann ich mir eine Bemerkung nun doch nicht verkneifen:
Wenn der Bundesgerichtshof diese Tat als Mord einstuft, warum dann dennoch nur 4 Jahre Haft? Schliesslich hat der Täter eine unfassbare Familientragödie ausgelöst. Über das Urteil kann man geteilter Meinung sein, aber wenn gerichtliche Instanzen etwas audrücklich durch eine Extra-Sitzung als Mord bezeichnen müssen, dann müssen sie auch so strafen.

...noch viel mehr

Verlust der Schädeldecke: Krankenhaus haftet

Das Landgericht (LG) Koblenz hat dem Patienten eines Krankenhauses wegen der unsachgemäßen Einlagerung seiner Schädeldecke, die zu einem späteren Zeitpunkt wieder eingesetzt werden sollte, jedoch mangels ausreichender Kühlung nicht mehr verwendet werden konnte, ein Schmerzensgeld von 3.000 Euro zugesprochen.

In dem von der Beklagten betriebenen Krankenhaus wurde beim Kläger ein traumatisches Hirnödem festgestellt. Während der Operation wurde der große Knochendeckel seiner Schädeldecke vollständig abgenommen. Das Knochenstück wurde in einer Kühltruhe eingelagert, um es zu einem späteren Zeitpunkt wieder einsetzen zu können. Später wurde festgestellt, dass sich das Knochenstück nicht mehr in einem verwertbaren Zustand befand. Deshalb wurde dem Kläger im Krankenhaus der Beklagten stattdessen eine Schädeldach-Ersatzplastik eingesetzt.

Der Kläger verlangte ein Schmerzensgeld von mindestens 20.000 Euro von der Beklagten. Das LG sprach ihm 3.000 Euro nebst Zinsen zu, wies die Klage aber im Übrigen ab. Die Beklagte hatte vorgetragen, es sei zu einem technischen Defekt der täglich kontrollierten Kühltruhe gekommen, dessen Ursache unbekannt sei. Aufgrund dieses Defekts sei die Temperatur im Inneren der Truhe so weit angestiegen, dass es nicht mehr vertretbar gewesen sei, das eingelagerte Knochenstück zu verwenden.

...noch viel mehr

Nach Ansicht des LG begründet dies eine schuldhafte Pflichtverletzung des Behandlungsvertrages. Der Beklagten hätte die Schädeldecke fachgerecht so lagern müssen, dass diese nicht durch zu hohe Temperaturen beschädigt werde. Sie habe nicht ausreichend dargetan und auch nicht unter Beweis gestellt, dass eine regelmäßige und ausreichende Funktionskontrolle der Kühltruhe erfolgt sei. Dieses fehlerhafte Verhalten sei dafür ursächlich, dass das Knochenstück nicht mehr verwendet werden könne.

Allerdings stünden dem Kläger nur 3.000 Euro zu. Die von ihm dargelegten gesundheitlichen Beschwerden (Kopfschmerzen, Wetterfühligkeit und Gleichgewichtsstörungen) stünden nicht im Zusammenhang mit dem Einsetzen der Ersatzplastik. Deren Verwendung führe nicht zu einer Einschränkung der Lebensqualität. Es sei davon auszugehen, dass für den Kläger keine nachteiligen Folgen eingetreten seien, mit Ausnahme einer emotionalen Empfindungsstörung aufgrund der Tatsache, dass er nunmehr für den Rest seines Lebens nicht mehr über den körpereigenen großen Knochendeckel, sondern über eine Ersatzplastik verfüge. Für diesen Gesichtspunkt des subjektiven Missempfindens sei ein Schmerzensgeld in Höhe von 3.000 Euro angemessen und ausreichend.

Landgericht Koblenz, Urteil vom 22.08.2007, 10 O 50/05

http://www.anwalt.de/rechtstipps/rechtsnews/verlust-der-schaedeldecke-krankenhaus-haftet_001076.html

68

...noch viel mehr

Bewährungsstrafe für Ex-Turntrainer

wegen mehrfachen sexuellen Missbrauchs von zwei Kindern und einer Jugendlichen ist ein früherer Oranienburger Turntrainer zu einer Freiheitsstrafe von zwei Jahren auf Bewährung verurteilt worden. Nach Überzeugung der Kammer hatte der 43jährige mehrfach die Töchter seiner einstigen Lebensgefährtin missbraucht sowie in 24 Fällen eine damalige Turnschülerin. Die Staatsanwaltschaft hatte eine Haftstrafe von vier Jahren, die Verteidigung eine Bewährungsstrafe gefordert. Die Turnschülerin habe vor Gericht gesagt, der sexuelle Verkehr sei mit ihrer Einwilligung geschehen.

http://www.faktuell.de/content/view/1800/27/

Vater machte Tochter zur Hure und bekommt 4 Jahre Haft

Gestern war ihr 19. Geburtstag. Das „Geschenk" ihres Vaters legte das Gericht fest. 14.000 Euro. Schmerzensgeld und Schadensersatz dafür, dass er seiner Tochter jahrelang Sex-Qualen erleiden ließ, sie als Hure verkaufte. Vier Jahre Knast, keine Haftverschonung. Und obendrein das, was er ihr als Entschädigung zahlen muss. „Ein Glas Wasser, bitte", flüsterte er dem Wachtmeister zu. Mit Tochter Anna hatte er damals kein Mitleid. Sie war 14, als er sie aus dem Heim holte. Dann führte er sie in Swinger-Clubs ein, bot sie im Internet an. Die Richter: „Für Sex in der gesamten Bandbreite." In Hinterzimmern an Kreuz oder Gynäkologiestuhl gefesselt. Mit heißem Wachs übergossen, geschlagen, ausgepeitscht. Manchmal sah der Vater dabei zu.

http://www.bild.de/BILD/regional/berlin/aktuell/2009/07/10/vater-verkaufte-tochter/vier-jahre-haft.html

...noch viel mehr

Vergewaltigung in der Schule 17-Jähriger in U-Haft

Neuötting. Ein 17-jähriger Schüler, der Ende Juni in der Toilette der Max-Fellermeier-Schule Neuötting (Lkr. Altötting) ein 14-jähriges Mädchen vergewaltigt haben soll, befindet sich seit Freitag in Untersuchungshaft. Wie der Leiter der Kriminalpolizei Mühldorf, Josef Maier, gestern mitteilte, seien die Ergebnisse der molekulargenetischen Untersuchungen so, dass der Anfangsverdacht gegen den türkischstämmigen Hauptschüler bestätigt worden sei.

Aufgrund dieser Ergebnisse habe die Staatsanwaltschaft Traunstein Haftbefehl gegen den Schüler beantragt. Der Untersuchungsrichter schickte den Schüler wegen des dringenden Verdachts der Vergewaltigung in Untersuchungs-Haft. Das Verfahren, so Maier, gehe jetzt beschleunigt an das Jugendgericht. Die Ermittlungen sind aber noch nicht abgeschlossen, weitere Gutachten folgen. Die Staatsanwaltschaft entscheidet dann, ob Anklage erhoben wird.

Das inzwischen 15-jährige, türkischstämmige Mädchen hatte Ende Juni Anzeige wegen eines Sexualdelikts bei der Polizei erstattet. Sie beschuldigt den 17-Jährigen, den sie aus der Schule kennt, sie am Nachmittag in einer Schultoilette vergewaltigt zu haben. Die Schülerin hatte sich Lehrern anvertraut, die medizinische Untersuchungen in die Wege leiteten. Der junge Mann hatte die Tat bestritten und war zunächst aufgrund der ungeklärten Umstände auf freien Fuß gesetzt worden.

...noch viel mehr

Der Schüler, der im Rahmen der offenen Ganztagsbetreuung an der Schule beaufsichtigt wurde, hat die Schule nach dem Vorfall verlassen, teilte Rektorin Josefine Mayer auf Nachfrage mit. Sie zeigte sich „sehr betrübt" über die Entwicklung, betont aber, dass die Schule keine Schuld treffe. Man werde von daher „weitermachen wie bisher".

Sollte es zur Verhandlung vor dem Jugendrichter kommen, so findet diese unter Ausschluss der Öffentlichkeit statt. Das Urteil kann aber wegen des öffentlichen Interesses bekanntgemacht werden, teilte Volker Ziegler, Sprecher der Staatsanwaltschaft Traunstein, mit.

http://www.pnp.de/nachrichten/artikel.php?cid=29-20842486

Obwohl das bereits ein Jahr her ist, gelang es mir leider nicht ein Urteil im Medienbereich zu diesem Fall ausfindig zu machen. Die Presse scheint den Fall vergessen zu haben

Schlusswort

Ich bedanke mich für Ihr Interesse an dieser Thematik und hoffe Ihnen damit gezeigt zu haben, dass ihr gefühltes Unrechtsempfinden in Justizurteilen durchaus real ist.

Ich könnte jetzt noch nahezu unendlich weitere Urteile dieser Art zeigen, aber wenn sie das wirklich sehen möchten, so finden Sie bereits im Internet Tonnen davon. Vielleicht nicht ausführlich oder schön geordnet aber zumindest "leider" soviel, dass sie glauben sich in einem Albtraum zu befinden, der nicht die Wirklichkeit sein kann. Zumindest geht es mir dann immer so.

Dieses Buch ist nur mein erster Schritt. Ich wollte Ihnen vor Augen führen wie wichtig es ist solche Urteile nicht als mittlerweile Normal anzusehen, sondern jederzeit in Frage zu stellen.

Wenn sie mir bei zukünftigen Arbeiten in dieser Richtung helfen wollen, wäre ich darüber sehr erfreut. Ich liebe Lob wie jeder andere auch aber ich mag auch Kritik, selbst wenn diese nicht mal konstruktiv ist. Beides motiviert mich. Weiterhin bin ich dankbar für jedes Urteil was nicht unbedingt in den Medien die Runde macht aber doch sehr ungerecht erscheint.

Deshalb gebe ich Ihnen nun meine Emailadresse und freue mich über Ihre Mitteilungen.

Email: **istdasgerecht@yahoo.de**

Alles Gute
Nicolas Feernes

§§§

§§§

Justitia

Iustitia

Iustitia (deutsch: Justitia) ist die römische Göttin der Gerechtigkeit und des Rechtswesens. Als solche wird sie auch heute noch oft als Wahrzeichen für die Justiz verwendet.

Justitia wird meist als Jungfrau mit verbundenen Augen oder einem Diadem dargestellt, die in einer Hand eine Waage, in der anderen das Richtschwert hält. Dies soll verdeutlichen, dass das Recht ohne Ansehen der Person (Augenbinde), nach sorgfältiger Abwägung der Sachlage (Waage) gesprochen und schließlich mit der nötigen Härte (Richtschwert) durchgesetzt wird. Die Augenbinde kam bei den Darstellungen der Justitia jedoch erst um 1520 zu den beiden Attributen Schwert und Waage dazu, das christliche Mittelalter kennt nur die sehende Justitia. Ende des 15. Jahrhunderts war die Augenbinde noch als Spott gemeint: Spott für die Blindheit der Justitia. Erst im 16. Jahrhundert erhält sie die Bedeutung der Unparteilichkeit. Der schräggestellte Balken der Waage symbolisiert den Grundsatz „In dubio pro reo" (im Zweifel für den Angeklagten). In früheren Darstellungen trug die Göttin des Rechtsfriedens nur einen Ölzweig, als Symbol des Lebens und ihre Waage, Symbol für den gerechten Ausgleich von Leistung und Gegenleistung in streitbefangenen Partnerschaften. Gelegentlich wird sie auch auf einer Schildkröte stehend dargestellt, womit symbolisiert wird, dass jedes gründliche Verfahren seine Zeit braucht.

Justitia auf dem Gerechtigkeitsbrunnen am Frankfurter Römerberg.

Siehe auch

- Dike
- Themis
- Allegorie

Literatur

- Lars Ostwaldt: *Aequitas und Justitia*, 2009, Halle (Saale) : Junkermann. ISBN 978-3-941226-05-0

Weblinks

Darstellungen der Justitia [1]

Referenzen

[1] http://www.rechtsfreund.at/begriff_rechtsfreund.htm

Kein Recht im Unrecht

Gleichbehandlung im Unrecht

Der Begriff **Gleichbehandlung im Unrecht** bezeichnet schlagwortartig eine bestimmte juristische Argumentationsweise: Jemand verlangt unter Berufung auf den Gleichheitsgrundsatz, genauso behandelt zu werden wie jemand anderes, der unrechtmäßig behandelt worden ist. Meistens zielt diese Argumention darauf ab, dass jemand eine bestimmte staatliche Leistung mit der Begründung verlangt, jemand anderes habe diese Leistung ebenfalls - wenn auch zu Unrecht - erhalten. Gelegentlich wird auch die Unterlassung eines staatlichen Eingriffs mit der Begründung verlangt, gegen jemand anderen sei dieser Eingriff - wenn auch zu Unrecht - ebenfalls nicht erfolgt. Eine anderer Fall (im Sinne eines Beispiels) liegt vor, wenn ein Bürger einen Bußgeldbescheid erhält und argumentiert, dass ein anderer Bürger keinen erhalten hat, aber genauso unrechtmäßig gehandelt habe. Beispiel aus der Rechtsprechung des Bundesverwaltungsgerichts: Ein Berufssoldat hatte entgegen den einschlägigen Rechtsvorschriften Briefpapier und Hinweisschilder beschafft. Gegen die gegen ihn verhängte Disziplinarmaßnahme hatte er sich mit der Begründung gewandt, er habe diese rechtswidrige Praxis so „vorgefunden". [1]

Rechtslage in Deutschland

Nach der ständigen Rechtsprechung des deutschen Bundesverwaltungsgerichts gibt es kein Recht auf Gleichbehandlung im Unrecht[2] . Insbesondere gewährt auch der Gleichbehandlungsgrundsatz des Art. 3 [3] Abs. 1 GG keinen Anspruch auf Gleichbehandlung im Unrecht; der öffentlichen Gewalt ist es lediglich verwehrt, bei Maßnahmen, die in die Rechte der Betroffen eingreifen (im konkret entschiedenen Fall eine baurechtliche Beseitigungsanordnung), systemlos und willkürlich vorzugehen[4] .

Besteht für die staatliche Verwaltung ein Ermessensspielraum oder ein Beurteilungsspielraum, so erstreckt sich der Gleichheitssatz auf die sogenannte Selbstbindung der Verwaltung. Eine Behörde muss demnach, soweit sich eine Verwaltungspraxis gebildet hat, tatsächlich gleiche Fälle auch rechtlich gleich behandeln. Eine allgemeine Änderung der Verwaltungspraxis bleibt dabei möglich. Ist aber die von der Behörde geübte Verwaltungspraxis rechtswidrig, so ist aufgrund der aus Art. 20 [5] Absatz 3 GG folgenden Verpflichtung der Behörde zu richtiger Rechtsanwendung eine Gleichbehandlung im Unrecht nicht rechtmäßig und die Behörde nicht gebunden. Der Bürger kann sich niemals erfolgreich darauf berufen, dass in anderen Fällen auch unrechtmäßig gehandelt worden sei.

Rechtslage in der Schweiz

Nach der Rechtsprechung des Schweizerischen Bundesgerichts gibt es grundsätzlich keinen Anspruch auf Gleichbehandlung im Unrecht. Wenn jedoch eine Behörde in ständiger Praxis von dem Gesetz abweicht und zu erkennen gibt, dass sie auch in Zukunft nicht gesetzeskonform entscheiden werde, kann der Bürger verlangen, gleich behandelt, d. h. ebenfalls gesetzwidrig begünstigt zu werden[6] .

Referenzen

[1] BVerwG, Urteil vom 21. Juli 1994, Az. 2 WD 6/94, BVerwGE 103, 143-148

[2] BVerwG, Urteil vom 6. Juni 1975, Az. II C 68.73, BverwGE 47, 330-379; BVerwG, Urteil vom 21. Juli 1994, Az. 2 WD 6/94, BVerwGE 103, 143-148

[3] http://bundesrecht.juris.de/gg/art_3.html

[4] BVerwG, Beschluss vom 22. April 1995, Az. 4 B 55/95, BRS 57 Nr. 248 (1995)

[5] http://bundesrecht.juris.de/gg/art_20.html

[6] Bundesgericht, BGE 115 Ia 83

Peter Graf

Peter Graf

Peter Graf (* 18. Juni 1938 in Mannheim) ist ein gelernter Versicherungskaufmann und Tennistrainer. Er ist Vater und ehemaliger Manager der deutschen Tennisspielerin Stefanie Graf. 1997 wurde er wegen Steuerhinterziehung zu drei Jahren und neun Monaten Haft verurteilt.

Jugend und Elternhaus

Graf wuchs als einziges Kind von Alfons und Rosemarie Graf in einem streng katholischen Elternhaus in Mannheim auf. Nach dem Krieg besuchte er das Karl-Friedrich-Gymnasium in Mannheim. Die Mutter starb, als Peter Graf 18 Jahre alt war. Die Beziehung zum Vater war danach gestört, und die beiden sprachen jahrelang nicht miteinander. Graf spielte Fußball beim FC Friedrichsfeld.[1]

Förderer und Manager seiner Tochter Steffi Graf

Peter Graf arbeitete als Versicherungskaufmann und Gebrauchtwagenhändler, als er mit 27 Jahren den Tennissport für sich entdeckte. Innerhalb weniger Jahre brachte es Graf zum Spieler in der deutschen Regionalliga, erwarb den Trainerschein und eine Tennishalle.

Graf entdeckte früh die sportliche und motorische Begabung seiner Tochter Stefanie, die 1973 im Alter von vier Jahren mit dem Tennisspiel begann. Unter Anleitung des Vaters gewann Stefanie Graf 1975 ein traditionelles Jüngsten-Turnier in München. Überzeugt von ihrem Ausnahmetalent gab Peter Graf zwei Jahre später seine bisherigen Berufe auf und widmete sich fortan als Trainer ausschließlich dem sportlichen Erfolg der Tochter.

1977 war Graf Spielertrainer der ersten Herrenmannschaft beim Tennisclub Blau-Weiß in Bensheim.[2]

Die Presse versah die Tochter schon bald mit dem Attribut des „Wunderkindes", was Peter Graf in seinen Überzeugungen bestärkte. 1982 meldete er die 13-jährige Tochter als Spielerin auf der Profi-Tour der WTA. Von diesem Zeitpunkt an war er auch ihr Manager. Der ehemalige tschechoslowakische Tennisprofi Pavel Slozil wurde zum offiziellen Trainer der jungen Deutschen bestellt. Grundlegende Entscheidungen, welche die sportliche Karriere sowie die Vermarktung von Tochter Stefanie betrafen, wurden jedoch weiterhin von Peter Graf getroffen.

Das enge Vertrauensverhältnis zwischen der aufstrebenden Tennisspielerin und ihrem Vater wurde in der Presse und unter Fachleuten unterschiedlich bewertet. Einige Stimmen bemängelten die Unerfahrenheit des Managers Peter Graf. Andere sorgten sich um das anscheinend hermetisch nach außen abgeriegelte Leben der jungen Tennisspielerin. Andere wiederum lobten den umsichtigen und vorsichtigen Aufbau der Karriere der Tochter, die unter Aufsicht des Vaters nicht das Schicksal vieler junger hochtalentierter Tennisspielerinnen erlitt, die früh ausbrannten.

Peter Graf

Peter Graf

1987 wurde Tochter Steffi Graf erstmalig Weltranglisten-Erste. 1988 schrieb sie mit dem sporthistorisch einmaligen Gewinn des Golden Slam Tennisgeschichte.

Verwicklung in vermeintliche und tatsächliche Skandale

Angebliche Schmiergeldzahlungen

1988 berichtete die Presse über finanzielle Unregelmäßigkeiten im Management von Stefanie Graf. Es hieß, für die Teilnahme der Tochter im Federation Cup seien Schmiergelder in Höhe von mehreren hunderttausend Mark gezahlt worden. Diese Behauptung wurde nie zweifelsfrei bewiesen.

Positiv wurde in dieser Zeit oft der Umstand hervorgehoben, dass die deutsche Tennisspielerin im Gegensatz zu vielen ihrer Kollegen nicht den Wohnsitz ins Ausland verlegte, um auf diese Weise Steuerzahlungen an den deutschen Fiskus zu umgehen.

Angebliche Beziehung zu dem Akt-Modell Nicole Meissner

Im Frühjahr 1990 geriet Vater Peter Graf über Wochen in das Visier der deutschen Boulevard-Presse. Die Bild-Zeitung behauptete, dass er eine Affäre mit dem ehemaligen Nacktmodell Nicole Meissner habe und berichtete über eine angebliche geheime Vaterschaft. Dem zwanzigjährigen Model wurde eine enge Beziehung zu Boxpromotor Ebby Thust zugeschrieben, dem seinerseits Kontakte ins Frankfurter Rotlicht-Milieu nachgesagt wurden. Es war in diesem Zusammenhang auch von einer versuchten Erpressung die Rede, welche auch die Zahlung von Schweigegeld beinhaltet habe. Steffi Graf verlor während dieser Krise die Weltranglisten-Führung und musste ungewöhnlich viele Niederlagen einstecken.

Verurteilung wegen Steuerhinterziehung

Im Jahre 1995 eröffnete die Staatsanwaltschaft Mannheim ein Verfahren wegen des Verdachts der Steuerhinterziehung gegen Peter und Stefanie Graf. Am 23. Mai 1995, unmittelbar vor dem Beginn der French Open, fanden Hausdurchsuchungen statt. Das Interesse der Staatsanwaltschaft galt Presseberichten zufolge illegalen Steuersparmodellen und Anlageformen.

Am 2. August 1995 wurde Peter Graf „wegen dringenden Verdachts auf Steuerhinterziehung" und der sich hieraus ergebenden potenziellen Flucht- und Verdunklungsgefahr in Untersuchungshaft genommen.

Die Online-Ausgabe des Berliner Kuriers berichtete am 15. Oktober 1995, dass der Tennisstar von der Staatsanwaltschaft Mannheim vernommen worden sei. Es war von Unstimmigkeiten hinsichtlich der Steuererklärung des Jahres 1993 die Rede, die möglicherweise verschiedene Einkünfte nicht oder nicht vollständig aufgeführt hätten und die möglicherweise von einem Schreibautomaten unterzeichnet worden sei. Die Tennisspielerin habe erklärt, mit allen finanziellen Angelegenheiten nicht selbst betraut gewesen zu sein. Peter Graf schwieg zu den Vorwürfen.

Am 27. November 1995 meldete das Nachrichtenmagazin Focus, dass Peter Graf in einer Erklärung gegenüber der Staatsanwaltschaft Mannheim sein bisheriges Schweigen breche, „die volle Verantwortung für die Finanzgeschäfte" in der Steueraffäre übernehme und „dass er für alle geschäftlichen Angelegenheiten seiner Tochter zuständig" sei. Außerdem werde er „in einer umfassenden Einlassung lückenlos auflisten, wie und wo die

Millioneneinnahmen von Steffi Graf angelegt" seien. Hierdurch wurde Tochter Stefanie vom Verdacht der Steuerhinterziehung entlastet und das Verfahren gegen sie eingestellt. Die Berliner Zeitung berichtete am 5. Februar 1996 in ihrer Online-Ausgabe, dass der Schlussbericht der Steuerfahndung Mannheim zum Ergebnis komme, dass Peter Graf „zwischen „1989 und 1993 rund 41 Millionen DM zugunsten seiner Tochter am Fiskus vorbeigeschleust" habe. In den beschlagnahmten Unterlagen seien Fahnder auf Werbeverträge gestoßen, „die in früheren Steuererklärungen nicht aufgetaucht waren". Steffi Graf, so der Bericht, habe unterdessen versichert, „sie werde in Deutschland bleiben und für Fehler, die sie möglicherweise selbst gemacht habe, einstehen."

Peter Graf selbst wurde 1996 gegen hohe Auflagen und die Zahlung einer Kaution von angeblich drei Millionen DM aus der Untersuchungshaft entlassen.

Am 17. April 1996 erhob die Staatsanwaltschaft Mannheim schließlich Anklage gegen Peter Graf und dessen Finanzberater. Der Vorwurf lautete auf Verdacht der „besonders schweren, gemeinschaftlich begangenen Steuerhinterziehung in zwölf Fällen" . Das Urteil erging 1997: Peter Graf wurde wegen Steuerhinterziehung in Höhe von 12,3 Millionen Mark zu drei Jahren und neun Monaten Haft verurteilt.[3]

Bruch mit der Tochter und Scheidung von Ehefrau Heidi

Im Zuge des Gerichtsverfahrens ordnete Steffi Graf ihre finanziellen Angelegenheiten neu. In einigen Interviews betonte die Tennisspielerin, dass sie sich in Zukunft selbst um ihre finanziellen und sportlichen Angelegenheiten kümmern werde. Vater Peter verlor seine Stellung als Manager und sportlicher Ratgeber der Tochter. In der Presse war zeitweise auch von einem Bruch innerhalb der Familie Graf die Rede. Trotzdem betonte Tochter Stefanie öffentlich immer wieder die Solidarität zu Vater Peter. Im März 1998 wurde die Trennung des Ehepaares Peter und Heidi Graf bekannt gegeben.

Vorzeitige Haftentlassung und Neuverheiratung

Peter Graf wurde im April 1998 vorzeitig aus der Haft entlassen. Im August 1999 heiratete er Britta, eine 20 Jahre jüngere Augenoptikerin aus Mannheim, die er bereits seit ihrer Kindheit kannte und die eine 15-jährige Tochter in die Ehe einbrachte.[4] Neben Tochter Steffi Graf hat Peter Graf noch einen Sohn, Michael Graf. Er ist 1971 geboren und war kurze Zeit als Rennfahrer tätig.

Weblinks

• Literatur von und über Peter Graf [5] im Katalog der Deutschen Nationalbibliothek

Referenzen

[1] Thomas Sulzer: *Ich bin mit Steffi oft in die Kirche gegangen.* Bild am Sonntag, 27. April 2008. http://www. bild.de/BILD/leute/star-news/2008/04/27/peter-graf/mit-steffi-oft-in-die-kirche

[2] *Bergsträßer Anzeiger,* vom 10. Mai 2007 (http://www.morgenweb.de/region/bergstraesser_anzeiger/ 175jahre/chronik/05_mai/20070510_3500713000_12107.html)

[3] *Die Peter Graf Story,* Fernsehdokumentation für die ARD von Ulrich Stein. Erstsendung am 1. Mai 2008 um 21.45 Uhr im Ersten

[4] *Still und heimlich: Peter Graf wieder verheiratet – Auch Steffi findet Britta prima* (http://rhein-zeitung.de/on/ 99/08/29/topnews/graf.html), in *Rhein-Zeitung,* Ausgabe vom 29. August 1999

[5] http://d-nb.info/gnd/119356414

Susanne Klatten

Susanne Klatten

Susanne Hanna Ursula Klatten (* 28. April 1962 in Bad Homburg vor der Höhe) ist eine der Erbinnen des Milliardenvermögens der Familie Quandt. Mit einem geschätzten Vermögen von 7,8 Milliarden Euro gilt Susanne Klatten als reichste Frau Deutschlands.

Leben

Susanne Klatten ist die Tochter von Herbert Quandt und dessen dritter Frau Johanna. Nach dem Tod ihres Vaters erbte sie im Jahr 1982 zusammen mit ihrer Mutter und ihrem Bruder Stefan sein Vermögen, darunter Anteile an BMW.

Nach dem Abitur absolvierte Susanne Klatten von 1981 bis 1983 eine Ausbildung zur Werbekauffrau bei der Agentur Young & Rubicam in Frankfurt am Main. Anschließend studierte sie Betriebswirtschaftslehre an der University of Buckingham in England. Nach einem Praktikum bei der Deutschen Bank AG und einem MBA-Studium am IMD im schweizerischen Lausanne absolvierte sie unter dem Pseudonym *Susanne Kant* ein weiteres Praktikum im BMW-Werk Regensburg. Dort lernte sie ihren späteren Ehemann Jan Klatten, Bruder des Wirtschafts- und Medienmanagers Werner E. Klatten, kennen.[1] Zusammen haben sie drei Kinder und leben in München.

In den Jahren 2007 und 2008 wurde Susanne Klatten Opfer einer Erpressung, wegen der sie Strafanzeige stellte. Der Erpresser, der Schweizer Helg Sgarbi, und andere Verdächtige wurden am 14. Januar 2008 in Vomp im Tiroler Unterinntal festgenommen. Der Hauptbeschuldigte wurde am 9. März 2009 vom Landgericht München I wegen Betrugs und versuchter Erpressung zu einer Freiheitsstrafe von sechs Jahren verurteilt.[2] Das Urteil ist noch nicht rechtskräftig. Helg Sgarbis Verteidiger kündigte an, Revision einzulegen.[3]

Klatten ist Trägerin des Bundesverdienstkreuzes und erhielt 2008 den Bayerischen Verdienstorden. Sie ist seit 2004 Ehrensenatorin der Technischen Universität München.

Unternehmerin

1993 wurde Susanne Klatten mit 31 Jahren Mitglied im Aufsichtsrat der Altana AG und später dessen stellvertretende Vorsitzende. Im Jahr 1997 trat sie zusammen mit ihrem Bruder offiziell das Erbe ihres Vaters bei BMW an. Sie ist über ihre Beteiligungsgesellschaft SKion Teilhaberin und Mitglied des Aufsichtsrates der BMW AG (12,5 Prozent), des Chemiekonzerns Altana (88,3 Prozent), des Windturbinenherstellers Nordex AG (20 Prozent) und des Kohlenstoffproduktspezialisten SGL Carbon (Einstieg im März 2009 mit 7,92 Prozent, Ausbau bis unter 25 Prozent geplant[4]).

Seit 2005 ist sie Mitglied im Hochschulrat der Technischen Universität München.

Sie gehört zu den größten Parteispendern der CDU und in geringerem Umfang der FDP.[5]

Literatur

- Rüdiger Jungbluth: *Die Quandts: Ihr leiser Aufstieg zur mächtigsten Wirtschaftsdynastie Deutschlands.* Campus 2002, ISBN 3-593-36940-0
- Ursula Schwarzer, Dietmar Student: *Erben ohne Fortune* [6], Manager Magazin, Ausgabe 4/2006
- Norbert Bogdon/dpa/AP: *Arme Milliardärin* [7], Spiegel Online, 21. November 2008

Referenzen

[1] Heinz Bude: „Aus Liebe zur Sippe" (http://zeus.zeit.de/text/2005/15/Lebenshilfe_2fFamilien_15), Die Zeit, Nr. 15, 6. April 2005.

[2] http://www.br-online.de/aktuell/susanne-klatten-erpressung-prozess-ID1228994750221.xml

[3] http://www.spiegel.de/panorama/justiz/0,1518,612453,00.html

[4] Ad-hoc-Mitteilung der SGL Group (http://www.sglgroup.com/cms/international/press-lounge/news/2009/03/03162009_p.html?_locale=de), 16. März 2009

[5] Von Susanne Klatten geleistete Parteispenden (http://www.parteispenden.unklarheiten.de/?db_id=23&seite=datenbank_show_k) seit 2000; Politische Datenbank Unklarheiten.de

[6] http://wissen.spiegel.de/wissen/image/show.html?did=46360898&aref=2006/03/22/ROMM200600400360049.PDF

[7] http://www.spiegel.de/panorama/justiz/0,1518,591906,00.html

Klaus Zumwinkel

Klaus Zumwinkel

Klaus Zumwinkel (* 15. Dezember 1943 in Rheinberg, Rheinprovinz) ist ein deutscher Unternehmensberater.[1] Er war von 1995 bis 2008 Vorstandsvorsitzender der Deutschen Post und davor von 1990 bis Ende 1994 Geschäftsführer bei der Deutschen Bundespost.

Leben

Herkunft und Ausbildung

Klaus Zumwinkel (2007)

Klaus Zumwinkel wurde in Rheinberg (damals Kreis Moers, Rheinprovinz, heute Kreis Wesel, Nordrhein-Westfalen) am Niederrhein als zweiter Sohn einer Unternehmerfamilie geboren. Er besuchte das Gymnasium Adolfinum in Moers und studierte Betriebswirtschaftslehre an der Westfälischen Wilhelms-Universität Münster. Nach seinem Diplom (1969) besuchte er ab 1970 die Wharton Business School der US-amerikanischen University of Pennsylvania. 1971 verließ er die Hochschule als Master of Science (M.Sc.) und kehrte nach Deutschland zurück. In Münster wurde er 1973 mit einer Untersuchung zur „Planung und Prüfung betrieblichen Informationshandelns" zum Dr. rer. pol. promoviert. Er ist verheiratet und hat zwei Kinder.

Karriere

Nach dem Tod seines Vaters übernahm Zumwinkel zusammen mit seinem älteren Bruder Hartwig die Geschäftsführung des elterlichen Handelsunternehmens. Dieses wurde 1971 an Rewe verkauft und umfasste damals zehn Kaufhäuser und fünfzig Discounter-Läden.[2] So erwarb er bereits vor seiner ersten Angestelltentätigkeit ein erhebliches Vermögen.

In den Jahren 1974 bis 1984 war er bei McKinsey beschäftigt, ab 1979 als Partner und Mitglied der deutschen Geschäftsführung, zuletzt seit 1984 als Senior Partner und Mitglied der weltweiten Geschäftsführung. 1985 verließ er das Unternehmen und übernahm den Vorstandsvorsitz beim Großversandhaus Quelle, wo er seit 1984 bereits als Berater beschäftigt war.[3] Fünf Jahre später ernannte man ihn kurz nach der ersten Postreform zum Geschäftsführer der Deutschen Bundespost. Seit Gründung der Aktiengesellschaft 1995 war er bis zu seinem Rücktritt 2008 auch deren Vorstandsvorsitzender und damit zuletzt der dienstälteste Vorsitzende eines Dax-Unternehmens,[4] der für das Geschäftsjahr 2008 nicht entlastet wurde. In seiner Amtszeit wurden unter anderem die Akquisitionen der Logistikunternehmen Global Mail, Danzas oder Herald International Mailings getätigt. Unter Zumwinkel wurde außerdem im November 2000 der Börsengang der Deutschen Post sowie 2004 der Postbank vollzogen. Einer seiner größten Erfolge und zugleich der größte ausländische Logistikauftrag der Deutschen Post war ein zehnjähriger Logistikauftrag mit der britischen National Health Service, der im September 2006 abgeschlossen wurde. Seinen planmäßigen Rücktritt vom Amt des Postchefs hatte Zumwinkel für Ende 2008 vorgesehen.[5]

Klaus Zumwinkel war außerdem Aufsichtsratsvorsitzender der Deutschen Telekom; ferner saß er in Aufsichtsräten der Allianz, Deutschen Lufthansa und Morgan Stanley. Bis zum 31. Dezember 2008 gehörte er noch dem Aufsichtsrat von Arcandor (ehemals KarstadtQuelle) an.[6] Er saß damit bei den größten und bedeutendsten privatisierten deutschen Staatsbetrieben – ob Postdienst, Postbank, Telekom oder Lufthansa – wenigstens im Kontrollgremium. Dieses „Übermaß an Macht" wurde zuletzt auch von der Politik kritisiert.[2] Zumwinkel ist außerdem Präsident des Instituts zur Zukunft der Arbeit (IZA).

Im Jahr 2000 wurde Zumwinkel mit einem Bambi ausgezeichnet. 2001 erhielt er das Große Bundesverdienstkreuz.[3] Seit 2002 nahm er regelmäßig an den Bilderberg-Konferenzen teil. Im selben Jahr wurde Zumwinkel vom Verein Deutsche Sprache der Titel „Sprachpanscher des Jahres" für die Einführung von Anglizismen wie „Global mail", „Stampit" oder „Freeway" verliehen. 2003 wurde er vom deutschen manager magazin zum „Manager des Jahres 2003" gewählt. 2007 erhielt er den Verdienstorden des Landes Nordrhein-Westfalen.

Im April 2009 gab Zumwinkel sein Bundesverdienstkreuz zurück[7] , im Mai 2009 auch seinen Verdienstorden des Landes Nordrhein-Westfalen[8] .

Strafverfahren

Nach einer Durchsuchung in seinem Privathaus am Morgen des 14. Februar 2008 wurden Ermittlungen der Bochumer Staatsanwaltschaft gegen Zumwinkel öffentlich.[9] Durchsucht wurde gleichzeitig das Büro des Managers in der Konzernzentrale im Bonner Post Tower. Ihm wurde Steuerhinterziehung in Höhe von einer Million Euro zur Last gelegt. Die Ermittlungen standen im Zusammenhang mit Geldanlagen in einer speziellen Stiftung nach liechtensteinischem Recht über die LGT Bank.[10] Da sich Zumwinkel kooperativ zeigte und einen Betrag von vier Millionen Euro als Sicherheitsleistung hinterlegte, wurde ein gegen ihn bestehender Haftbefehl außer Vollzug gesetzt.[11]

Nachdem er am 15. Februar seinen Rücktritt als Postchef angeboten hatte, bestellte der Post-Aufsichtsrat am 18. Februar einstimmig und mit sofortiger Wirkung Frank Appel zu seinem Nachfolger.[12] Klaus Zumwinkels Vertrag lief ursprünglich noch bis November 2008.[13] Er hatte außerdem seinen Rücktritt als Aufsichtsratsvorsitzender von Deutscher Telekom und Postbank angekündigt.[14] Die Durchsuchungen bei Zumwinkel gelten als erste behördliche Aktion eines umfassenden Ermittlungsverfahrens zur bisher größten Steueraffäre in Deutschland.

Klaus Zumwinkel rechts neben Frank Appel (2007)

Am 26. Januar 2009 wurde Klaus Zumwinkel von der 12. großen Strafkammer des Landgerichts Bochum wegen Steuerhinterziehung zu einer zur Bewährung ausgesetzten

Freiheitsstrafe von zwei Jahren verurteilt. Zugleich erteilte das Gericht eine Bewährungsauflage, nach der ein Geldbetrag in Höhe von einer Million Euro zu zahlen ist. Zumwinkel hatte gestanden, über eine Stiftung in Liechtenstein Steuern in Höhe von knapp 970.000 Euro hinterzogen zu haben. Laut Anklage soll Zumwinkel in den Jahren 2001 bis 2007 sogar Abgaben in Höhe von 1,2 Millionen Euro hinterzogen haben. Bezüglich des Jahres 2001 ließ das Gericht die Anklage allerdings nicht zur Hauptverhandlung zu, weil die Tat verjährt war und die Verjährung nicht rechtzeitig unterbrochen wurde (ein Ermittlungsrichter hatte Beschlüsse 12 Stunden zu spät ausgefertigt).[15] Gisela Friedrichsen kommentierte das Urteil dahingehend, dass sich das Strafmaß zwar im Rahmen des Üblichen bewegt habe, der Prozess habe aber gleichwohl wie ein abgekartetes Spiel gewirkt: Vermögende Angeklagte könnten sich ein Urteil nach ihrem Gusto gestalten.[16] Selbst Richter des Bundesgerichtshofs sollen eine Freiheitsstrafe von drei Jahren ohne Bewährung für Zumwinkel für „gut vertretbar" gehalten haben.[17] Zumwinkel kündigte an, Deutschland zu verlassen, um auf Castello di Tenno zu residieren.

Im Rahmen der Telekom-Bespitzelungsaffäre hat zudem die Staatsanwaltschaft Bonn Ermittlungen gegen Klaus Zumwinkel eingeleitet. Er steht im Verdacht, die Ausspähung von Telefondaten über mehr als ein Jahr lang angeordnet zu haben.[18] [19] [20]

Diskussion um Pensionsansprüche und Bonus-Zahlungen

Anfang März 2009 wurde bekannt, dass Klaus Zumwinkel sich seine Pensionsansprüche über 20 Millionen Euro von der Deutschen Post als Kapitalwahlrecht hat auszahlen lassen.[21] Außerdem erhielt er – laut Geschäftsbericht der Deutschen Post – für zwei Monate seiner Tätigkeit als Vorstandschef im Jahre 2008 Gesamtbezüge in Höhe von insgesamt 714.045 Euro. In diesem Betrag enthalten war eine Bonuszahlung von 480.184 Euro. Zudem erhielt er Aktienoptionen mit einem sogenannten Zeitwert von mehr als 1 Million Euro.[22] [23] Damit ist Zumwinkel das einzige Vorstandsmitglied, das einen Bonus für 2008 erhalten hat. Sämtliche anderen Vorstände hatten angesichts eines Milliarden-Jahresverlustes keine Boni erhalten.[24] Mehrere Politiker sowie die Vizepräsidentin des Sozialverbandes VdK, Carin Hinsinger, äußerten sich empört, während Zumwinkel selber die Auszahlung seiner Pensionsansprüche mit den Worten „Ich bin doch nicht der einzige (...)" verteidigte.[25] Nach Ansicht von Rentenexperten ist der Betrag von 20 Millionen Euro nur dadurch zu erklären, dass es Zusatzvereinbarungen gegeben haben muss, da die Abgeltung der jährlichen Altersbezüge günstigstenfalls einen Barwert von 14,5 Millionen Euro ergeben würde.[26]

Weblinks

- Literatur von und über Klaus Zumwinkel [27] im Katalog der Deutschen Nationalbibliothek

Referenzen

[1] Arcandor AG: Zumwinkel soll Aufsichtsrat bleiben (http://www.manager-magazin.de/koepfe/personalien/0,2828,541105,00.html)

[2] Der Fall des gelben Häuptlings (http://www.faz.net/s/RubD16E1F55D21144C4AE3F9DDF52B6E1D9/Doc~E6678395AA541430BAF46A0E1316CDD36~ATpl~Ecommon~Scontent.html) faz.net, 14. Februar 2008

[3] Klaus Zumwinkel (http://www.vanityfair.de/vanityfaces/klaus-zumwinkel/1451.html) Vanity Faces

[4] Regierung begrüßt den Rücktritt Zumwinkels (http://www.sueddeutsche.de/,tt2m2/wirtschaft/artikel/636/158213/) sueddeutsche.de, 15. Februar 2008

[5] Zumwinkel sollte Unicef-Chef werden (http://www.spiegel.de/wirtschaft/0,1518,535686,00.html) Spiegel Online, 16. Februar 2008

[6] Zumwinkel verlässt Arcandor-Aufsichtsrat; Handelsblatt vom 9.Januar 2009 (http://www.handelsblatt.com/unternehmen/koepfe/zumwinkel-verlaesst-arcandor-aufsichtsrat;2123316)

[7] Bild Online vom 21. April 2009 (http://www.bild.de/BILD/politik/wirtschaft/2009/04/21/klaus-zumwinkel-orden/ex-postchef-gibt-bundesverdienstkreuz-zurueck.html)

[8] RP online vom 21. Mai 2009 (http://www.rp-online.de/public/article/711248/Zumwinkel-gibt-Verdienstorden-zurueck.html)

[9] Justiz wirft Zumwinkel Millionen-Betrug vor (http://www.handelsblatt.com/News/Unternehmen/Handel-Dienstleistungen/_pv/_p/200040/_t/ft/_b/1391262/default.aspx/justiz-wirft-zumwinkel-millionen-betrug-vor.html) Handelsblatt.com, 14. Februar 2008

[10] Zumwinkel will nicht erneut am Pranger stehen (http://www.sueddeutsche.de/wirtschaft/478/311400/text/) Süddeutsche Zeitung, 23.September 2008

[11] Haftbefehl ausgesetzt (http://www.spiegel.de/wirtschaft/0,1518,535325,00.html) Spiegel Online, 14. Februar 2008

[12] Frank Appel wird neuer Post-Chef (http://www.spiegel.de/wirtschaft/0,1518,536141,00.html) Spiegel Online, 18. Februar 2008

[13] Die gelbe Eminenz (http://www.spiegel.de/wirtschaft/0,1518,533692,00.html) Spiegel Online, 7. Februar 2008

[14] Dr. Klaus Zumwinkel legt Aufsichtsratsmandat bei der Deutschen Telekom nieder (http://www.t-service.de/dtag/cms/content/dt/de/503114;jsessionid=71153E9EDDF52A5FA4DBC9F723A11D76) Deutsche Telekom AG, 15. Februar 2008

[15] Zumwinkel zu 24 Monaten auf Bewährung verurteilt (http://www.spiegel.de/wirtschaft/0,1518,603534,00.html) Spiegel Online vom 26. Januar 2009

[16] Bewährung für ein gescheitertes Vorbild (http://www.spiegel.de/wirtschaft/0,1518,603265,00.html) Spiegel Online vom 26. Januar 2009

[17] SPIEGEL vom 2. Februar 2009, S. 17

[18] Financial Times Deutschland 13. März 2009: Schloss von Zumwinkel durchsucht (http://www.ftd.de/politik/deutschland/:Wegen-Bespitzelungsaffäre-Schloss-von-Zumwinkel-durchsucht/486751.html)

[19] Spiegel-Online 13. März 2009: Razzia bei Ex-Telekom-Managern Zumwinkel und Ricke (http://www.spiegel.de/wirtschaft/0,1518,613093,00.html)

[20] Spiegel-Online 14. März 2009: Interner Vermerk belastet Zumwinkel und Ricke in Schnüffelaffäre (http://www.spiegel.de/wirtschaft/0,1518,613350,00.html)

[21] Süddeutsche Zeitung 13. März 2009: 20 Millionen Euro Pension (http://www.sueddeutsche.de/wirtschaft/71/461695/text/)

[22] Süddeutsche Zeitung 13. März 2009: 20 Millionen Euro Pension (http://www.sueddeutsche.de/wirtschaft/71/461695/text/)

[23] faz.net 14. März 2009: Post zahlt Zumwinkel 20 Millionen Euro (http://www.faz.net/s/RubEC1ACFE1EE274C81BCD3621EF555C83C/Doc~EE445512190FF4608AD1B5E19E20D84DA~ATpl~Ecommon~Scontent.html)

[24] Handelsblatt 26. Februar 2009: Post-Chef streicht Boni für den Vorstand (http://www.handelsblatt.com/unternehmen/handel-dienstleister/post-chef-streicht-boni-fuer-den-vorstand;2174489)

[25] Empörung über Zumwinkel (http://www.n-tv.de/1120570.html) N-TV vom 15. März 2009

[26] Spiegel-Online 23. März 2009: Zumwinkels 20-Millionen-Pension verblüfft Rentenexperten (http://www.spiegel.de/wirtschaft/0,1518,614695,00.html)

[27] http://d-nb.info/gnd/108328902

Article Sources and Contributors

Iustitia *Quelle*: http://de.wikipedia.org/w/index.php?oldid=61636746 *Bearbeiter*: -jha-, Addicted, Aka, Asdrubal, Baumfreund-FFM, BishkekRocks, Cartinal, DerHexer, Engie, Euku, F.Bulla, Gnu1742, Greenish20, High Contrast, Historiograf, Joschi90, Klabube, Marcus Cyron, Mathias Schindler, Melkom, Peng, Peter200, Quistnix, S1, Sallynase, Sandstein, Themis-jp, Tofeichti, Triebtäter, UlrichJ, Yorg, YourEyesOnly, Zollernalb, €pa,   , 52 anonyme Bearbeitungen

Gleichbehandlung im Unrecht *Quelle*: http://de.wikipedia.org/w/index.php?oldid=55646679 *Bearbeiter*: AHK, Berlin-Jurist, J budissin, Pilawa, Seewolf, Stechlin, Suricata, Thomas Dancker, Zipfelheiner, 4 anonyme Bearbeitungen

Peter Graf *Quelle*: http://de.wikipedia.org/w/index.php?oldid=61622840 *Bearbeiter*: 4Frankie, AF666, Airmaxxxer, Andim, Coyets, Daniel Mex, Darkweasel, DasFliewatüüt, Der Bischof mit der E-Gitarre, Entlinkt, FredericII, GeorgHH, Hotte07, Hubertl, Ischtiraki, Iwoelbern, Jkü, Karl Gruber, Kuebi, Lofor, Marcus Cyron, Pelz, Robb, Sir, Sprachpfleger, SteveK, Thomas S., Wahrerwattwurm, WortUmBruch, 16 anonyme Bearbeitungen

Susanne Klatten *Quelle*: http://de.wikipedia.org/w/index.php?oldid=61449794 *Bearbeiter*: 20percent, 7Pinguine, Ammonius, Beastie Boy, BeeKaaEll, Bene16, Blaufisch, Blunt., Brian67, C.lingg, Callidior, Carolus Ludovicus, Daaavid, Dadophorus von Salamis, Daniel3880, Darkone, Der Boss der Bosse, DerHexer, Die Winterreise, Donat, Dr. Harald Wozniewski, Dremmler, Duracell, EricS, Florian Adler, Frank C. Müller, Frankenstalin, Friedemann Lindenthal, Fuchsw, Fwh, Gerhardvalentin, HaeB, Haeber, Hafenbar, Happolati, He3nry, Heimspiel, Holo, Hpots, Itti, Jan eissfeldt, Juliane, KOchstudiO, Kataniza, Kristjan, Kuebi, LKD, Leergeschrieben, Lofor, Lou.gruber, Makellosschoen, ManRabe, Master 1948, Napa, Neu1, OCTopus, Oberbefehlshaber, Oreg, PaulVIF, Pelz, Pischdi, Pjacobi, PsY.cHo, Qwqchris, Ranger 1, Rbrausse, S1, SchirmerPower, Seewolf, Siehe-auch-Löscher, Smial, StefanServos, Times, TobiToaster, Tobnu, Triebtäter, Ulle, Volunteer, Voyager, Wistula, Wolfgang1018, Zahnbahn, Zipfelheiner, 78 anonyme Bearbeitungen

Klaus Zumwinkel *Quelle*: http://de.wikipedia.org/w/index.php?oldid=61115824 *Bearbeiter*: Adameus23, Alleswissender, Armin P., ArnoMaria, Aroedl, Ax, BEG, BJ Axel, BeatePaland, Bender235, BertholdD, Between the lines, Billy.shears, Boenki, Brain, Braveheart, Chesk, ChrisHuebsch, Danidiel, Doneru, Dr.cueppers, Edelseider, EdisonCarter, Ehrhardt, ElRaki, Entlinkt, Ephraim33, Et Mikkel, Europa1, EvaK, Fachmann vom dienst, Ferdinand24, Fishmann, Florian Adler, Florian.Keßler, Fortress, Friedemann Lindenthal, Gegenwind, Gnu1742, Grap, HansCastorp, Hauke Schmalehorstkötter, HeBB, Heinte, Helenopel, Heurik, Hildegund, Holger1974, HurwiczRocks, Hydro, Ilja Lorek, JFKCom, JKS, Jan Mathys, Jonathan Haas, Jooseppi, Jwnabd, Kandschwar, Katharina, Klaeusli, Kolja21, Kyber, LKD, Leit, Libro, Livani, MOdmate, Marcl1984, Martinvoll, Mastapasta, Matt1971, Metalhead64, Michael Kühntopf, Micwil, Mschiffler, Mvb, Nis Randers, Nixred, OCTopus, Onkel Sam, PeeCee, Phantom, Raymond, Rechercheur, S-T-U-D-E-X, STBR, Saibo, Salmi, Schiwago, Schmelzle, Schwijker, Schwittach, Seewolf, Sefo, Shownglad, Simplicius, Sir James, Skyman gozilla, Sol1, Solidjoin, Stephan Schwarzbold, Stepro, Stern, SteveK, Syrcro, TNolte, Tafkas, Taxiarchos228, TigerDriver, Timwi, Tobias1983, Trg, Tönjes, U-96, Vilby, Waldo47, Webverbesserer, Werther359, Wesener, Wiegels, Wittener, Wö-ma, Youcanring Ma Bell, Zaphiro, Zaungast, Zipfelheiner, 91 anonyme Bearbeitungen

Image Sources, Licenses and Contributors

Bild:Justitia1.jpg *Quelle*: http://de.wikipedia.org/w/index.php?title=Datei:Justitia1.jpg *Lizenz*: unbekannt *Bearbeiter*: User:Peng

Bild:KlausZumwinkel2007-4.jpg *Quelle*: http://de.wikipedia.org/w/index.php?title=Datei:KlausZumwinkel2007-4.jpg *Lizenz*: GNU Free Documentation License *Bearbeiter*: User:Kandschwar

Datei:Appel+Zumwinkel2007.jpg *Quelle*: http://de.wikipedia.org/w/index.php?title=Datei:Appel+Zumwinkel2007.jpg *Lizenz*: GNU Free Documentation License *Bearbeiter*: User:Kandschwar

License

Wichtiger Hinweis zur Lizenz

Die nachfolgende Lizenz bezieht sich auf den Artikeltext. Im Artikel gezeigte Bilder und Grafiken können unter einer anderen Lizenz stehen sowie von Autoren erstellt worden sein, die nicht in der Autorenliste erscheinen. Durch eine noch vorhandene technische Einschränkung werden die Lizenzinformationen für Bilder und Grafiken daher nicht angezeigt. An der Behebung dieser Einschränkung wird gearbeitet.
Das PDF ist daher nur für den privaten Gebrauch bestimmt. Eine Weiterverbreitung kann eine Urheberrechtsverletzung bedeuten.

GNU Free Documentation License

Version 1.2, November 2002

> Copyright (C) 2000,2001,2002 Free Software Foundation, Inc.
>
> 51 Franklin St, Fifth Floor, Boston, MA 02110-1301 USA
>
> Everyone is permitted to copy and distribute verbatim copies
>
> of this license document, but changing it is not allowed.

0. PREAMBLE

The purpose of this License is to make a manual, textbook, or other functional and useful document "free" in the sense of freedom: to assure everyone the effective freedom to copy and redistribute it, with or without modifying it, either commercially or noncommercially. Secondarily, this License preserves for the author and publisher a way to get credit for their work, while not being considered responsible for modifications made by others.
This License is a kind of "copyleft", which means that derivative works of the document must themselves be free in the same sense. It complements the GNU General Public License, which is a copyleft license designed for free software.
We have designed this License in order to use it for manuals for free software, because free software needs free documentation: a free program should come with manuals providing the same freedoms that the software does. But this License is not limited to software manuals; it can be used for any textual work, regardless of subject matter or whether it is published as a printed book. We recommend this License principally for works whose purpose is instruction or reference.

1. APPLICABILITY AND DEFINITIONS

This License applies to any manual or other work, in any medium, that contains a notice placed by the copyright holder saying it can be distributed under the terms of this License. Such a notice grants a world-wide, royalty-free license, unlimited in duration, to use that work under the conditions stated herein. The "Document", below, refers to any such manual or work. Any member of the public is a licensee, and is addressed as "you". You accept the license if you copy, modify or distribute the work in a way requiring permission under copyright law.
A "Modified Version" of the Document means any work containing the Document or a portion of it, either copied verbatim, or with modifications and/or translated into another language.
A "Secondary Section" is a named appendix or a front-matter section of the Document that deals exclusively with the relationship of the publishers or authors of the Document to the Document's overall subject (or to related matters) and contains nothing that could fall directly within that overall subject. (Thus, if the Document is in part a textbook of mathematics, a Secondary Section may not explain any mathematics.) The relationship could be a matter of historical connection with the subject or with related matters, or of legal, commercial, philosophical, ethical or political position regarding them.
The "Invariant Sections" are certain Secondary Sections whose titles are designated, as being those of Invariant Sections, in the notice that says that the Document is released under this License. If a section does not fit the above definition of Secondary then it is not allowed to be designated as Invariant. The Document may contain zero Invariant Sections. If the Document does not identify any Invariant Sections then there are none.
The "Cover Texts" are certain short passages of text that are listed, as Front-Cover Texts or Back-Cover Texts, in the notice that says that the Document is released under this License. A Front-Cover Text may be at most 5 words, and a Back-Cover Text may be at most 25 words.
A "Transparent" copy of the Document means a machine-readable copy, represented in a format whose specification is available to the general public, that is suitable for revising the document straightforwardly with generic text editors or (for images composed of pixels) generic paint programs or (for drawings) some widely available drawing editor, and that is suitable for input to text formatters or for automatic translation to a variety of formats suitable for input to text formatters. A copy made in an otherwise Transparent file format whose markup, or absence of markup, has been arranged to thwart or discourage subsequent modification by readers is not Transparent. An image format is not Transparent if used for any substantial amount of text. A copy that is not "Transparent" is called "Opaque".
Examples of suitable formats for Transparent copies include plain ASCII without markup, Texinfo input format, LaTeX input format, SGML or XML using a publicly available DTD, and standard-conforming simple HTML, PostScript or PDF designed for human modification. Examples of transparent image formats include PNG, XCF and JPG. Opaque formats include proprietary formats that can be read and edited only by proprietary word processors, SGML or XML for which the DTD and/or processing tools are not generally available, and the machine-generated HTML, PostScript or PDF produced by some word processors for output purposes only.
The "Title Page" means, for a printed book, the title page itself, plus such following pages as are needed to hold, legibly, the material this License requires to appear in the title page. For works in formats which do not have any title page as such, "Title Page" means the text near the most prominent appearance of the work's title, preceding the beginning of the body of the text.
A section "Entitled XYZ" means a named subunit of the Document whose title either is precisely XYZ or contains XYZ in parentheses following text that translates XYZ in another language. (Here XYZ stands for a specific section name mentioned below, such as "Acknowledgements", "Dedications", "Endorsements", or "History".) To "Preserve the Title" of such a section when you modify the Document means that it remains a section "Entitled XYZ" according to this definition.
The Document may include Warranty Disclaimers next to the notice which states that this License applies to the Document. These Warranty Disclaimers are considered to be included by reference in this License, but only as regards disclaiming warranties: any other implication that these Warranty Disclaimers may have is void and has no effect on the meaning of this License.

2. VERBATIM COPYING

You may copy and distribute the Document in any medium, either commercially or noncommercially, provided that this License, the copyright notices, and the license notice saying this License applies to the Document are reproduced in all copies, and that you add no other conditions whatsoever to those of this License. You may not use technical measures to obstruct or control the reading or further copying of the copies you make or distribute. However, you may accept compensation in exchange for copies. If you distribute a large enough number of copies you must also follow the conditions in section 3.
You may also lend copies, under the same conditions stated above, and you may publicly display copies.

3. COPYING IN QUANTITY

If you publish printed copies (or copies in media that commonly have printed covers) of the Document, numbering more than 100, and the Document's license notice requires Cover Texts, you must enclose the copies in covers that carry, clearly and legibly, all these Cover Texts: Front-Cover Texts on the front cover, and Back-Cover Texts on the back cover. Both covers must also clearly and legibly identify you as the publisher of these copies. The front cover must present the full title with all words of the title equally prominent and visible. You may add other material on the covers in addition. Copying with changes limited to the covers, as long as they preserve the title of the Document and satisfy these conditions, can be treated as verbatim copying in other respects.
If the required texts for either cover are too voluminous to fit legibly, you should put the first ones listed (as many as fit reasonably) on the actual cover, and continue the rest onto adjacent pages.
If you publish or distribute Opaque copies of the Document numbering more than 100, you must either include a machine-readable Transparent copy along with each Opaque copy, or state in or with each Opaque copy a computer-network location from which the general network-using public has access to download using public-standard network protocols a complete Transparent copy of the Document, free of added material. If you use the latter option, you must take reasonably prudent steps, when you begin distribution of Opaque copies in quantity, to ensure that this Transparent copy will remain thus accessible at the stated location until at least one year after the last time you distribute an Opaque copy (directly or through your agents or retailers) of that edition to the public.
It is requested, but not required, that you contact the authors of the Document well before redistributing any large number of copies, to give them a chance to provide you with an updated version of the Document.

4. MODIFICATIONS

You may copy and distribute a Modified Version of the Document under the conditions of sections 2 and 3 above, provided that you release the Modified Version under precisely this License, with the Modified Version filling the role of the Document, thus licensing distribution and modification of the Modified Version to whoever possesses a copy of it. In addition, you must do these things in the Modified Version:

- **A.** Use in the Title Page (and on the covers, if any) a title distinct from that of the Document, and from those of previous versions (which should, if there were any, be listed in the History section of the Document). You may use the same title as a previous version if the original publisher of that version gives permission.
- **B.** List on the Title Page, as authors, one or more persons or entities responsible for authorship of the modifications in the Modified Version, together with at least five of the principal authors of the Document (all of its principal authors, if it has fewer than five), unless they release you from this requirement.
- **C.** State on the Title page the name of the publisher of the Modified Version, as the publisher.
- **D.** Preserve all the copyright notices of the Document.
- **E.** Add an appropriate copyright notice for your modifications adjacent to the other copyright notices.
- **F.** Include, immediately after the copyright notices, a license notice giving the public permission to use the Modified Version under the terms of this License, in the form shown in the Addendum below.
- **G.** Preserve in that license notice the full lists of Invariant Sections and required Cover Texts given in the Document's license notice.
- **H.** Include an unaltered copy of this License.
- **I.** Preserve the section Entitled "History", Preserve its Title, and add to it an item stating at least the title, year, new authors, and publisher of the Modified Version as given on the Title Page. If there is no section Entitled "History" in the Document, create one stating the title, year, authors, and publisher of the Document as given on its Title Page, then add an item describing the Modified Version as stated in the previous sentence.
- **J.** Preserve the network location, if any, given in the Document for public access to a Transparent copy of the Document, and likewise the network locations given in the Document for previous versions it was based on. These may be placed in the "History" section. You may omit a network location for a work that was published at least four years before the Document itself, or if the original publisher of the version it refers to gives permission.
- **K.** For any section Entitled "Acknowledgements" or "Dedications", Preserve the Title of the section, and preserve in the section all the substance and tone of each of the contributor acknowledgements and/or dedications given therein.
- **L.** Preserve all the Invariant Sections of the Document, unaltered in their text and in their titles. Section numbers or the equivalent are not considered part of the section titles.
- **M.** Delete any section Entitled "Endorsements". Such a section may not be included in the Modified Version.
- **N.** Do not retitle any existing section to be Entitled "Endorsements" or to conflict in title with any Invariant Section.
- **O.** Preserve any Warranty Disclaimers.

If the Modified Version includes new front-matter sections or appendices that qualify as Secondary Sections and contain no material copied from the Document, you may at your option designate some or all of these sections as invariant. To do this, add their titles to the list of Invariant Sections in the Modified Version's license notice. These titles must be distinct from any other section titles.
You may add a section Entitled "Endorsements", provided it contains nothing but endorsements of your Modified Version by various parties--for example, statements of peer review or that the text has been approved by an organization as the authoritative definition of a standard.
You may add a passage of up to five words as a Front-Cover Text, and a passage of up to 25 words as a Back-Cover Text, to the end of the list of Cover Texts in the Modified Version. Only one passage of Front-Cover Text and one of Back-Cover Text may be added by (or through arrangements made by) any one entity. If the Document already includes a cover text for the same cover, previously added by you or by arrangement made by the same entity you are acting on behalf of, you may not add another; but you may replace the old one, on

explicit permission from the previous publisher that added the old one.

The author(s) and publisher(s) of the Document do not by this License give permission to use their names for publicity for or to assert or imply endorsement of any Modified Version.

5. COMBINING DOCUMENTS

You may combine the Document with other documents released under this License, under the terms defined in section 4 above for modified versions, provided that you include in the combination all of the Invariant Sections of all of the original documents, unmodified, and list them all as Invariant Sections of your combined work in its license notice, and that you preserve all their Warranty Disclaimers.

The combined work need only contain one copy of this License, and multiple identical Invariant Sections may be replaced with a single copy. If there are multiple Invariant Sections with the same name but different contents, make the title of each such section unique by adding at the end of it, in parentheses, the name of the original author or publisher of that section if known, or else a unique number. Make the same adjustment to the section titles in the list of Invariant Sections in the license notice of the combined work.

In the combination, you must combine any sections Entitled "History" in the various original documents, forming one section Entitled "History"; likewise combine any sections Entitled "Acknowledgements", and any sections Entitled "Dedications". You must delete all sections Entitled "Endorsements".

6. COLLECTIONS OF DOCUMENTS

You may make a collection consisting of the Document and other documents released under this License, and replace the individual copies of this License in the various documents with a single copy that is included in the collection, provided that you follow the rules of this License for verbatim copying of each of the documents in all other respects.

You may extract a single document from such a collection, and distribute it individually under this License, provided you insert a copy of this License into the extracted document, and follow this License in all other respects regarding verbatim copying of that document.

7. AGGREGATION WITH INDEPENDENT WORKS

A compilation of the Document or its derivatives with other separate and independent documents or works, in or on a volume of a storage or distribution medium, is called an "aggregate" if the copyright resulting from the compilation is not used to limit the legal rights of the compilation's users beyond what the individual works permit. When the Document is included in an aggregate, this License does not apply to the other works in the aggregate which are not themselves derivative works of the Document.

If the Cover Text requirement of section 3 is applicable to these copies of the Document, then if the Document is less than one half of the entire aggregate, the Document's Cover Texts may be placed on covers that bracket the Document within the aggregate, or the electronic equivalent of covers if the Document is in electronic form. Otherwise they must appear on printed covers that bracket the whole aggregate.

8. TRANSLATION

Translation is considered a kind of modification, so you may distribute translations of the Document under the terms of section 4. Replacing Invariant Sections with translations requires special permission from their copyright holders, but you may include translations of some or all Invariant Sections in addition to the original versions of these Invariant Sections. You may include a translation of this License, and all the license notices in the Document, and any Warranty Disclaimers, provided that you also include the original English version of this License and the original versions of those notices and disclaimers. In case of a disagreement between the translation and the original version of this License or a notice or disclaimer, the original version will prevail.

If a section in the Document is Entitled "Acknowledgements", "Dedications", or "History", the requirement (section 4) to Preserve its Title (section 1) will typically require changing the actual title.

9. TERMINATION

You may not copy, modify, sublicense, or distribute the Document except as expressly provided for under this License. Any other attempt to copy, modify, sublicense or distribute the Document is void, and will automatically terminate your rights under this License. However, parties who have received copies, or rights, from you under this License will not have their licenses terminated so long as such parties remain in full compliance.

10. FUTURE REVISIONS OF THIS LICENSE

The Free Software Foundation may publish new, revised versions of the GNU Free Documentation License from time to time. Such new versions will be similar in spirit to the present version, but may differ in detail to address new problems or concerns. See http://www.gnu.org/copyleft/.

Each version of the License is given a distinguishing version number. If the Document specifies that a particular numbered version of this License "or any later version" applies to it, you have the option of following the terms and conditions either of that specified version or of any later version that has been published (not as a draft) by the Free Software Foundation. If the Document does not specify a version number of this License, you may choose any version ever published (not as a draft) by the Free Software Foundation.

ADDENDUM: How to use this License for your documents

To use this License in a document you have written, include a copy of the License in the document and put the following copyright and license notices just after the title page:

Copyright (c) YEAR YOUR NAME.

Permission is granted to copy, distribute and/or modify this document

under the terms of the GNU Free Documentation License, Version 1.2

or any later version published by the Free Software Foundation;

with no Invariant Sections, no Front-Cover Texts, and no Back-Cover Texts.

A copy of the license is included in the section entitled

"GNU Free Documentation License".

If you have Invariant Sections, Front-Cover Texts and Back-Cover Texts, replace the "with...Texts." line with this:

with the Invariant Sections being LIST THEIR TITLES, with the

Front-Cover Texts being LIST, and with the Back-Cover Texts being LIST.

If you have Invariant Sections without Cover Texts, or some other combination of the three, merge those two alternatives to suit the situation.

If your document contains nontrivial examples of program code, we recommend releasing these examples in parallel under your choice of free software license, such as the GNU General Public License, to permit their use in free software.

Herstellung und Verlag:
Books on Demand GmbH, Norderstedt
ISBN 978-3-8391-1772-9